UN-Konvention

über die Rechte von

Menschen mit Behinderungen

Übersetzung für Österreich

Bibliografische Information der Deutschen Nationalbibliothek:
Die Deutsche Nationalbibliothek verzeichnet diese Publikation in
der Deutschen Nationalbibliografie; detaillierte bibliografische
Daten sind im Internet über http://dnb.dnb.de abrufbar.

2., neu überarbeitete Auflage, Juni 2016

© Juni 2016 BIZEPS
Herstellung und Verlag:
BoD - Books on Demand, Norderstedt

ISBN: 978-3-7412-2496-6

Inhaltsverzeichnis

Präambel 1
Artikel 1: Zweck 6
Artikel 2: Begriffsbestimmungen.. 7
Artikel 3: Allgemeine Grundsätze... 8
Artikel 4: Allgemeine Verpflichtungen 9
Artikel 5: Gleichberechtigung und Nichtdiskriminierung 12
Artikel 6: Frauen mit Behinderungen 13
Artikel 7: Kinder mit Behinderungen 14
Artikel 8: Bewusstseinsbildung... 14
Artikel 9: Barrierefreiheit 16
Artikel 10: Recht auf Leben 18
Artikel 11: Gefahrensituationen und humanitäre Notlagen . 18
Artikel 12: Gleiche Anerkennung vor dem Recht 19
Artikel 13: Zugang zum Recht... 20
Artikel 14: Freiheit und Sicherheit der Person 21
Artikel 15: Freiheit von Folter oder grausamer, unmenschlicher oder erniedrigender Behandlung oder Strafe 22
Artikel 16: Freiheit von Ausbeutung, Gewalt und Missbrauch 22
Artikel 17: Schutz der Unversehrtheit der Person................ 24
Artikel 18: Freizügigkeit und Staatsangehörigkeit................ 24
Artikel 19: Selbstbestimmtes Leben und Inklusion in der Gemeinschaft 25
Artikel 20: Persönliche Mobilität.. 26
Artikel 21: Recht der freien Meinungsäußerung, Meinungsfreiheit und Zugang zu Informationen 27
Artikel 22: Achtung der Privatsphäre 28
Artikel 23: Achtung der Wohnung und der Familie.............. 29

Artikel 24: Bildung 31
Artikel 25: Gesundheit 34
Artikel 26: Vermittlung von Fähigkeiten und Rehabilitation . 35
Artikel 27: Arbeit und Beschäftigung 36
Artikel 28: Angemessener Lebensstandard und sozialer Schutz 39
Artikel 29: Teilhabe am politischen und öffentlichen Leben . 40
Artikel 30: Teilhabe am kulturellen Leben sowie an Erholung, Freizeit und Sport 42
Artikel 31: Statistik und Datensammlung 44
Artikel 32: Internationale Zusammenarbeit 45
Artikel 33: Innerstaatliche Durchführung und Überwachung 46
Artikel 34: Ausschuss für die Rechte von Menschen mit Behinderungen 47
Artikel 35: Berichte der Vertragsstaaten 50
Artikel 36: Prüfung der Berichte 51
Artikel 37: Zusammenarbeit zwischen den Vertragsstaaten und dem Ausschuss 52
Artikel 38: Beziehungen des Ausschusses zu anderen Organen 52
Artikel 39: Bericht des Ausschusses 53
Artikel 40: Konferenz der Vertragsstaaten 54
Artikel 41: Depositar 54
Artikel 42: Unterzeichnung 54
Artikel 43: Zustimmung, gebunden zu sein 55
Artikel 44: Organisationen der regionalen Integration 55
Artikel 45: Inkrafttreten 56
Artikel 46: Vorbehalte 56
Artikel 47: Änderungen 57
Artikel 48: Kündigung 58

Artikel 49: Barrierefreies Format 58
Artikel 50: Verbindliche Wortlaute 58

Fakultativprotokoll zum Übereinkommen über die Rechte von Menschen mit Behinderungen

Artikel 1 59
Artikel 2 59
Artikel 3 60
Artikel 4 61
Artikel 5 61
Artikel 6 61
Artikel 7 62
Artikel 8 63
Artikel 9 63
Artikel 10 63
Artikel 11 64
Artikel 12 64
Artikel 13 65
Artikel 14 66
Artikel 15 66
Artikel 16 67
Artikel 17 67
Artikel 18 67

Anhang: Monitoringausschuss 68

Vorwort

Die UN-Konvention über die Rechte von Menschen mit Behinderungen stellt die Pflichten der Staaten heraus, die für Menschen mit Behinderungen bestehenden Menschenrechte zu gewährleisten.

Österreich hat im März 2007 die UN-Konvention über die Rechte von Menschen mit Behinderungen unterzeichnet und im Oktober 2008 ratifiziert. Das heißt verbindlich angenommen.

Da Deutsch keine offizielle Sprache der Vereinten Nationen ist, mussten die deutschsprachigen Länder eine eigene Übersetzung in Auftrag geben. Die deutsche Übersetzung wurde allerdings sehr kritisch aufgenommen, weil sie äußerst mangelhaft war und viele Texte falsch übersetzt worden waren.

Im Rahmen der Staatenprüfung Österreichs im Jahr 2013 bei den Vereinten Nationen in Genf bemängelte der zuständige UN-Fachausschuss diesen Umstand. Er wies darauf hin, dass einige inhaltliche Unterschiede zum englischen Original der Konvention entstanden sind.

Österreich sicherte umgehend eine Fehlerkorrektur zu. Es wurde deshalb eine neue, verbesserte Übersetzung erarbeitet. Diese wurde auch unter Einbindung von Menschen mit Behinderungen erstellt.

Die hier vorliegende Übersetzung ist am 15. Juni 2016 im Bundesgesetzblatt veröffentlicht worden.

Übereinkommen über die Rechte von Menschen mit Behinderungen

Präambel

Die Vertragsstaaten dieses Übereinkommens -

a) unter Hinweis auf die in der Charta der Vereinten Nationen verkündeten Grundsätze, denen zufolge die Anerkennung der Würde und des Wertes, die allen Mitgliedern der menschlichen Gesellschaft innewohnen, sowie ihrer gleichen und unveräußerlichen Rechte die Grundlage von Freiheit, Gerechtigkeit und Frieden in der Welt bildet,

b) in der Erkenntnis, dass die Vereinten Nationen in der Allgemeinen Erklärung der Menschenrechte und in den Internationalen Menschenrechtspakten verkündet haben und übereingekommen sind, dass jeder Mensch ohne Unterschied Anspruch auf alle darin aufgeführten Rechte und Freiheiten hat,

c) bekräftigend, dass alle Menschenrechte und Grundfreiheiten allgemein gültig und unteilbar sind, einander bedingen und miteinander verknüpft sind und dass Menschen mit Behinderungen der volle Genuss dieser Rechte und Freiheiten ohne Diskriminierung garantiert werden muss,

d) unter Hinweis auf den Internationalen Pakt über wirtschaftliche, soziale und kulturelle Rechte, den Internationalen Pakt über bürgerliche und politische Rechte, das Internationale Übereinkommen zur

Beseitigung jeder Form von Rassendiskriminierung, das Übereinkommen zur Beseitigung jeder Form von Diskriminierung der Frau, das Übereinkommen gegen Folter und andere grausame, unmenschliche oder erniedrigende Behandlung oder Strafe, das Übereinkommen über die Rechte des Kindes und das Internationale Übereinkommen zum Schutz der Rechte aller Wanderarbeitnehmer und ihrer Familienangehörigen,

e) in der Erkenntnis, dass das Verständnis von Behinderung sich ständig weiterentwickelt und dass Behinderung aus der Wechselwirkung zwischen Menschen mit Beeinträchtigungen und einstellungs- und umweltbedingten Barrieren entsteht, die sie an der vollen und wirksamen Teilhabe an der Gesellschaft, auf der Grundlage der Gleichberechtigung mit anderen, hindern,

f) in der Erkenntnis, dass die in dem Weltaktionsprogramm für Menschen mit Behinderungen und den Rahmenbestimmungen für die Herstellung der Chancengleichheit für Menschen mit Behinderungen enthaltenen Grundsätze und Leitlinien einen wichtigen Einfluss auf die Förderung, Ausarbeitung und Bewertung von politischen Konzepten, Plänen, Programmen und Maßnahmen auf einzelstaatlicher, regionaler und internationaler Ebene zur Verbesserung der Chancengleichheit für Menschen mit Behinderungen haben,

g) nachdrücklich darauf hinweisend wie wichtig es ist, die durchgehende Berücksichtigung („mainstreaming") der Thematik der Menschen mit Behinderungen zu einem festen Bestandteil der einschlägigen Strategien der nachhaltigen Entwicklung zu machen,

h) ebenso in der Erkenntnis, dass jede Diskriminierung aufgrund von Behinderung eine Verletzung der Würde und des Wertes darstellt, die jedem Menschen innewohnen,

i) ferner in der Erkenntnis der Vielfalt der Menschen mit Behinderungen,

j) in Anerkennung der Notwendigkeit, die Menschenrechte aller Menschen mit Behinderungen, einschließlich derjenigen, die intensivere Unterstützung benötigen, zu fördern und zu schützen,

k) besorgt darüber, dass sich Menschen mit Behinderungen trotz dieser verschiedenen Dokumente und Verpflichtungen in allen Teilen der Welt nach wie vor Hindernissen für ihre Teilhabe als gleichberechtigte Mitglieder der Gesellschaft sowie Verletzungen ihrer Menschenrechte gegenübersehen,

l) in Anerkennung der Bedeutung der internationalen Zusammenarbeit für die Verbesserung der Lebensbedingungen der Menschen mit Behinderungen in allen Ländern, insbesondere den Entwicklungsländern,

m) in Anerkennung des wertvollen Beitrags, den Menschen mit Behinderungen zum allgemeinen Wohl und zur Vielfalt ihrer Gemeinschaften leisten und leisten können, und in der Erkenntnis, dass die Förderung des vollen Genusses der Menschenrechte und Grundfreiheiten durch Menschen mit Behinderungen sowie ihrer uneingeschränkten Teilhabe ihr Zugehörigkeitsgefühl verstärken und zu erheblichen Fortschritten in der menschlichen, sozialen und wirtschaftlichen Entwicklung der Gesellschaft und bei der Beseitigung der Armut führen wird,

n) *in der Erkenntnis*, wie wichtig die individuelle Autonomie und Unabhängigkeit für Menschen mit Behinderungen ist, einschließlich der Freiheit, eigene Entscheidungen zu treffen,

o) *in der Erwägung*, dass Menschen mit Behinderungen die Möglichkeit haben sollen, aktiv an Entscheidungsprozessen über politische Konzepte und über Programme mitzuwirken, einschließlich solcher, die sie unmittelbar betreffen,

p) *besorgt* über die schwierigen Bedingungen, denen sich Menschen mit Behinderungen gegenübersehen, die mehrfachen oder verschärften Formen der Diskriminierung aufgrund der ethnischen Herkunft, der Hautfarbe, des Geschlechts, der Sprache, der Religion, der politischen oder sonstigen Anschauung, der nationalen, ethnischen, indigenen oder sozialen Herkunft, des Vermögens, der Geburt, des Alters oder des sonstigen Status ausgesetzt sind,

q) *in der Erkenntnis*, dass Frauen und Mädchen mit Behinderungen sowohl innerhalb als auch außerhalb ihres häuslichen Umfelds oft in stärkerem Maße durch Gewalt, Verletzung oder Missbrauch, Nichtbeachtung oder Vernachlässigung, Misshandlung oder Ausbeutung gefährdet sind,

r) *in der Erkenntnis*, dass Kinder mit Behinderungen gleichberechtigt mit anderen Kindern alle Menschenrechte und Grundfreiheiten in vollem Umfang genießen sollen, und unter Hinweis auf die zu diesem Zweck von den Vertragsstaaten des Übereinkommens über die Rechte des Kindes eingegangenen Verpflichtungen,

s) nachdrücklich darauf hinweisend, dass es notwendig ist, bei allen Anstrengungen zur Förderung des vollen Genusses der Menschenrechte und Grundfreiheiten durch Menschen mit Behinderungen die Geschlechterperspektive einzubeziehen,

t) unter besonderem Hinweis auf die Tatsache, dass die Mehrzahl der Menschen mit Behinderungen in einem Zustand der Armut lebt, und diesbezüglich in der Erkenntnis, dass die nachteiligen Auswirkungen der Armut auf Menschen mit Behinderungen dringend behandelt werden müssen,

u) in dem Bewusstsein, dass Frieden und Sicherheit auf der Grundlage der uneingeschränkten Achtung der in der Charta der Vereinten Nationen enthaltenen Ziele und Grundsätze sowie der Einhaltung der anwendbaren Übereinkünfte auf dem Gebiet der Menschenrechte unabdingbar sind für den umfassenden Schutz von Menschen mit Behinderungen, insbesondere in bewaffneten Konflikten oder während ausländischer Besetzung,

v) in der Erkenntnis, wie wichtig es ist, dass Menschen mit Behinderungen vollen Zugang zur physischen, sozialen, wirtschaftlichen und kulturellen Umwelt, zu Gesundheit und Bildung sowie zu Information und Kommunikation haben, damit sie alle Menschenrechte und Grundfreiheiten voll genießen können,

w) im Hinblick darauf, dass der Einzelne gegenüber seinen Mitmenschen und der Gemeinschaft, der er angehört, Pflichten hat und gehalten ist, für die Förderung und Achtung der in der Internationalen Menschenrechtscharta anerkannten Rechte einzutreten,

x) in der Überzeugung, dass die Familie die natürliche Kernzelle der Gesellschaft ist und Anspruch auf Schutz durch Gesellschaft und Staat hat und dass Menschen mit Behinderungen und ihre Familienangehörigen den erforderlichen Schutz und die notwendige Unterstützung erhalten sollen, um es den Familien zu ermöglichen, zum vollen und gleichberechtigten Genuss der Rechte der Menschen mit Behinderungen beizutragen,

y) in der Überzeugung, dass ein umfassendes und in sich geschlossenes internationales Übereinkommen zur Förderung und zum Schutz der Rechte und der Würde von Menschen mit Behinderungen sowohl in den Entwicklungsländern als auch in den entwickelten Ländern einen maßgeblichen Beitrag zur Beseitigung der tiefgreifenden sozialen Benachteiligung von Menschen mit Behinderungen leisten und ihre Teilhabe am bürgerlichen, politischen, wirtschaftlichen, sozialen und kulturellen Leben auf der Grundlage der Chancengleichheit fördern wird –

haben Folgendes vereinbart:

Artikel 1: Zweck

Zweck dieses Übereinkommens ist es, den vollen und gleichberechtigten Genuss aller Menschenrechte und Grundfreiheiten durch alle Menschen mit Behinderungen zu fördern, zu schützen und zu gewährleisten und die Achtung der ihnen innewohnenden Würde zu fördern.

Zu den Menschen mit Behinderungen zählen Menschen, die langfristige körperliche, psychische, intellektuelle oder Sinnesbeeinträchtigungen haben, die sie in

Wechselwirkung mit verschiedenen Barrieren an der vollen und wirksamen Teilhabe, gleichberechtigt mit anderen, an der Gesellschaft hindern können.

Artikel 2: Begriffsbestimmungen

Im Sinne dieses Übereinkommens

schließt "Kommunikation" Sprachen, Textdarstellung, Brailleschrift, taktile Kommunikation, Großdruck, barrierefreies Multimedia sowie schriftliche, auditive, in einfache Sprache übersetzte, durch Vorleser zugänglich gemachte sowie ergänzende und alternative Formen, Mittel und Formate der Kommunikation, einschließlich barrierefreier Informations- und Kommunikationstechnologie, ein;

schließt "Sprache" gesprochene Sprachen sowie Gebärdensprachen und andere nicht gesprochene Sprachen ein;

bedeutet "Diskriminierung aufgrund von Behinderung" jede Unterscheidung, Ausschließung oder Beschränkung aufgrund von Behinderung, die zum Ziel oder zur Folge hat, dass das auf die Gleichberechtigung mit anderen gegründete Anerkennen, Genießen oder Ausüben aller Menschenrechte und Grundfreiheiten im politischen, wirtschaftlichen, sozialen, kulturellen, bürgerlichen oder jedem anderen Bereich beeinträchtigt oder vereitelt wird. Sie umfasst alle Formen der Diskriminierung, einschließlich der Versagung angemessener Vorkehrungen;

bedeutet "angemessene Vorkehrungen" notwendige und geeignete Änderungen und Anpassungen, die keine unverhältnismäßige oder unbillige Belastung darstellen und die, wenn sie in einem bestimmten Fall erforderlich sind, vorgenommen werden, um zu gewährleisten, dass Menschen mit Behinderungen gleichberechtigt mit anderen alle Menschenrechte und Grundfreiheiten genießen oder ausüben können;

bedeutet "universelles Design" ein Design von Produkten, Umfeldern, Programmen und Dienstleistungen in der Weise, dass sie von allen Menschen möglichst weitgehend ohne eine Anpassung oder ein spezielles Design genutzt werden können. "Universelles Design" schließt Hilfsmittel für bestimmte Gruppen von Menschen mit Behinderungen, soweit sie benötigt werden, nicht aus.

Artikel 3: Allgemeine Grundsätze

Die Grundsätze dieses Übereinkommens sind:

a) die Achtung der dem Menschen innewohnenden Würde, seiner individuellen Autonomie, einschließlich der Freiheit, eigene Entscheidungen zu treffen, sowie seiner Selbstbestimmung;

b) die Nichtdiskriminierung;

c) die volle und wirksame Teilhabe an der Gesellschaft und Inklusion in die Gesellschaft;

d) die Achtung der Unterschiedlichkeit und die Akzeptanz von Menschen mit Behinderungen als Teil der menschlichen Vielfalt und der Menschheit;

e) die Chancengleichheit;

f) die Barrierefreiheit;

g) die Gleichberechtigung von Mann und Frau;

h) die Achtung vor den sich entwickelnden Fähigkeiten von Kindern mit Behinderungen und die Achtung ihres Rechts auf Wahrung ihrer Identität.

Artikel 4: Allgemeine Verpflichtungen

(1) Die Vertragsstaaten verpflichten sich, die volle Verwirklichung aller Menschenrechte und Grundfreiheiten für alle Menschen mit Behinderungen ohne jede Diskriminierung aufgrund von Behinderung zu gewährleisten und zu fördern. Zu diesem Zweck verpflichten sich die Vertragsstaaten,

a) alle geeigneten Gesetzgebungs-, Verwaltungs- und sonstigen Maßnahmen zur Umsetzung der in diesem Übereinkommen anerkannten Rechte zu treffen;

b) alle geeigneten Maßnahmen einschließlich gesetzgeberischer Maßnahmen zur Änderung oder Aufhebung bestehender Gesetze, Verordnungen, Gepflogenheiten und Praktiken zu treffen, die eine Diskriminierung von Menschen mit Behinderungen darstellen;

c) den Schutz und die Förderung der Menschenrechte von Menschen mit Behinderungen in allen politischen Konzepten und allen Programmen zu berücksichtigen;

d) Handlungen oder Praktiken, die mit diesem Übereinkommen unvereinbar sind, zu unterlassen und dafür zu sorgen, dass die staatlichen Behörden und öffentlichen Einrichtungen im Einklang mit diesem Übereinkommen handeln;

e) alle geeigneten Maßnahmen zur Beseitigung der Diskriminierung aufgrund von Behinderung durch Personen, Organisationen oder private Unternehmen zu ergreifen;

f) Forschung und Entwicklung für Güter, Dienstleistungen, Geräte und Einrichtungen in universellem Design, wie in Artikel 2 definiert, die den besonderen Erfordernissen von Menschen mit Behinderungen mit möglichst geringem Anpassungs- und Kostenaufwand gerecht werden, zu betreiben oder zu fördern, ihre Verfügbarkeit und Nutzung zu fördern und sich bei der Entwicklung von Normen und Richtlinien für universelles Design einzusetzen;

g) Forschung und Entwicklung für neue Technologien, die für Menschen mit Behinderungen geeignet sind, einschließlich Informations- und Kommunikationstechnologien, Mobilitätshilfen, Geräten und unterstützenden Technologien, zu betreiben oder zu fördern sowie ihre Verfügbarkeit und Nutzung zu fördern und dabei Technologien zu erschwinglichen Kosten den Vorrang zu geben;

h) für Menschen mit Behinderungen barrierefreie Informationen über Mobilitätshilfen, Geräte und unterstützende Technologien, einschließlich neuer Technologien, sowie andere Formen von Assistenz, Unterstützungsdiensten und Einrichtungen zur Verfügung zu stellen;

i) die Schulung von Fachkräften und anderem mit Menschen mit Behinderungen arbeitendem Personal auf dem Gebiet der in diesem Übereinkommen anerkannten Rechte zu fördern, damit die aufgrund dieser Rechte garantierten Assistenzen und Dienste besser geleistet werden können.

(2) Hinsichtlich der wirtschaftlichen, sozialen und kulturellen Rechte verpflichtet sich jeder Vertragsstaat, unter Ausschöpfung seiner verfügbaren Mittel und erforderlichenfalls im Rahmen der internationalen Zusammenarbeit Maßnahmen zu treffen, um nach und nach die volle Verwirklichung dieser Rechte zu erreichen, unbeschadet derjenigen Verpflichtungen aus diesem Übereinkommen, die nach dem Völkerrecht sofort anwendbar sind.

(3) Bei der Ausarbeitung und Umsetzung von Rechtsvorschriften und politischen Konzepten zur Durchführung dieses Übereinkommens und bei anderen Entscheidungsprozessen in Fragen, die Menschen mit Behinderungen betreffen, führen die Vertragsstaaten mit den Menschen mit Behinderungen, einschließlich Kindern mit Behinderungen, über die sie vertretenden Organisationen enge Konsultationen und beziehen sie aktiv ein.

(4) Dieses Übereinkommen lässt zur Verwirklichung der Rechte von Menschen mit Behinderungen besser geeignete Bestimmungen, die im Recht eines Vertragsstaats oder in dem für diesen Staat geltenden Völkerrecht enthalten sind, unberührt. Die in einem Vertragsstaat durch Gesetze, Übereinkommen, Verordnungen oder durch Gewohnheitsrecht anerkannten oder bestehenden Menschenrechte und Grundfreiheiten dürfen nicht unter

dem Vorwand beschränkt oder außer Kraft gesetzt werden, dass dieses Übereinkommen derartige Rechte oder Freiheiten nicht oder nur in einem geringeren Ausmaß anerkenne.

(5) Die Bestimmungen dieses Übereinkommens gelten ohne Einschränkung oder Ausnahme für alle Teile eines Bundesstaats.

Artikel 5: Gleichberechtigung und Nichtdiskriminierung

(1) Die Vertragsstaaten anerkennen, dass alle Menschen vor dem Gesetz gleich sind, vom Gesetz gleich zu behandeln sind und ohne Diskriminierung Anspruch auf gleichen Schutz durch das Gesetz und gleiche Vorteile durch das Gesetz haben.

(2) Die Vertragsstaaten verbieten jede Diskriminierung aufgrund von Behinderung und garantieren Menschen mit Behinderungen gleichen und wirksamen rechtlichen Schutz vor Diskriminierung, gleichviel aus welchen Gründen.

(3) Zur Förderung der Gleichberechtigung und zur Beseitigung von Diskriminierung unternehmen die Vertragsstaaten alle geeigneten Schritte, um die Bereitstellung angemessener Vorkehrungen zu gewährleisten.

(4) Besondere Maßnahmen, die zur Beschleunigung oder Herbeiführung der tatsächlichen Gleichberechtigung von Menschen mit Behinderungen erforderlich sind, gelten

nicht als Diskriminierung im Sinne dieses Übereinkommens.

Artikel 6: Frauen mit Behinderungen

(1) Die Vertragsstaaten anerkennen, dass Frauen und Mädchen mit Behinderungen mehrfacher Diskriminierung ausgesetzt sind, und ergreifen in dieser Hinsicht Maßnahmen, um zu gewährleisten, dass sie alle Menschenrechte und Grundfreiheiten voll und gleichberechtigt mit anderen genießen können.

(2) Die Vertragsstaaten treffen alle geeigneten Maßnahmen zur Sicherung der vollen Entfaltung, der Förderung und der Stärkung der Frauen („empowerment"), um zu garantieren, dass sie die in diesem Übereinkommen genannten Menschenrechte und Grundfreiheiten ausüben und genießen können.

Artikel 7: Kinder mit Behinderungen

(1) Die Vertragsstaaten treffen alle erforderlichen Maßnahmen, um zu gewährleisten, dass Kinder mit Behinderungen gleichberechtigt mit anderen Kindern alle Menschenrechte und Grundfreiheiten genießen können.

(2) Bei allen Maßnahmen, die Kinder mit Behinderungen betreffen, ist das Wohl des Kindes ein Gesichtspunkt, der vorrangig zu berücksichtigen ist.

(3) Die Vertragsstaaten gewährleisten, dass Kinder mit Behinderungen das Recht haben, ihre Meinung in allen sie berührenden Angelegenheiten gleichberechtigt mit anderen Kindern frei zu äußern, wobei ihre Meinung angemessen und entsprechend ihrem Alter und ihrer Reife berücksichtigt wird, und behinderungsgerechte sowie altersgemäße Assistenz zu erhalten, damit sie dieses Recht verwirklichen können.

Artikel 8: Bewusstseinsbildung

(1) Die Vertragsstaaten verpflichten sich, sofortige, wirksame und geeignete Maßnahmen zu ergreifen, um

a) in der gesamten Gesellschaft, einschließlich auf der Ebene der Familien, das Bewusstsein für Menschen mit Behinderungen zu schärfen und die Achtung ihrer Rechte und ihrer Würde zu fördern;

b) Klischees, Vorurteile und schädliche Praktiken gegenüber Menschen mit Behinderungen, einschließlich aufgrund des Geschlechts oder des Alters, in allen Lebensbereichen zu bekämpfen;

c) das Bewusstsein für die Fähigkeiten und den Beitrag von Menschen mit Behinderungen zu fördern.

(2) Zu den diesbezüglichen Maßnahmen gehören

a) die Einleitung und dauerhafte Durchführung wirksamer Kampagnen zur Bewusstseinsbildung in der Öffentlichkeit mit dem Ziel,

    i) die Aufgeschlossenheit gegenüber den Rechten von Menschen mit Behinderungen zu erhöhen,

    ii) eine positive Wahrnehmung von Menschen mit Behinderungen und ein größeres gesellschaftliches Bewusstsein ihnen gegenüber zu fördern,

    iii) die Anerkennung der Fertigkeiten, Verdienste und Fähigkeiten von Menschen mit Behinderungen und ihres Beitrags zur Arbeitswelt und zum Arbeitsmarkt zu fördern;

b) die Förderung einer respektvollen Einstellung gegenüber den Rechten von Menschen mit Behinderungen auf allen Ebenen des Bildungssystems, auch bei allen Kindern von früher Kindheit an;

c) die Aufforderung an alle Medienorgane, Menschen mit Behinderungen in einer dem Zweck dieses Übereinkommens entsprechenden Weise darzustellen;

d) die Förderung von Schulungsprogrammen zur Schärfung des Bewusstseins in Bezug auf Menschen mit Behinderungen und für deren Rechte.

Artikel 9: Barrierefreiheit

(1) Um Menschen mit Behinderungen ein selbstbestimmtes Leben und die volle Teilhabe in allen Lebensbereichen zu ermöglichen, treffen die Vertragsstaaten geeignete Maßnahmen mit dem Ziel, für Menschen mit Behinderungen gleichberechtigt mit anderen Zugang zur physischen Umwelt, zu Transportmitteln, Information und Kommunikation, einschließlich Informations- und Kommunikationstechnologien und -systemen, sowie zu anderen Einrichtungen und Diensten, die der Öffentlichkeit in städtischen und ländlichen Gebieten offenstehen oder für sie bereitgestellt werden, zu gewährleisten. Diese Maßnahmen, welche die Feststellung und Beseitigung von Zugangshindernissen und -barrieren einschließen, gelten unter anderem für

a) Gebäude, Straßen, Transportmittel sowie andere Einrichtungen in Gebäuden und im Freien, einschließlich Schulen, Wohnhäusern, medizinischer Einrichtungen und Arbeitsstätten;

b) Informations-, Kommunikations- und andere Dienste, einschließlich elektronischer Dienste und Notdienste.

(2) Die Vertragsstaaten treffen außerdem geeignete Maßnahmen,

a) um Mindeststandards und Leitlinien für die Barrierefreiheit von Einrichtungen und Diensten, die der Öffentlichkeit offenstehen oder für sie bereitgestellt werden, auszuarbeiten und zu erlassen und ihre Anwendung zu überwachen;

b) um sicherzustellen, dass private Rechtsträger, die Einrichtungen und Dienste, die der Öffentlichkeit offenstehen oder für sie bereitgestellt werden, anbieten, alle Aspekte der Barrierefreiheit für Menschen mit Behinderungen berücksichtigen;

c) um betroffenen Kreisen Schulungen zu Fragen der Barrierefreiheit für Menschen mit Behinderungen anzubieten;

d) um in Gebäuden und anderen Einrichtungen, die der Öffentlichkeit offenstehen, Beschilderungen in Brailleschrift und in leicht lesbarer und verständlicher Form anzubringen;

e) um menschliche und tierische Assistenz sowie Mittelspersonen, unter anderem Personen zum Führen und Vorlesen sowie professionelle Gebärdensprachdolmetscher und -dolmetscherinnen, zur Verfügung zu stellen mit dem Ziel, barrierefreien Zugang zu Gebäuden und anderen Einrichtungen, die der Öffentlichkeit offenstehen, zu erleichtern;

f) um andere geeignete Formen der Assistenz und Unterstützung für Menschen mit Behinderungen zu fördern, damit ihr Zugang zu Informationen gewährleistet wird;

g) um den Zugang von Menschen mit Behinderungen zu den neuen Informations- und Kommunikationstechnologien und -systemen, einschließlich des Internets, zu fördern;

h) um die Gestaltung, die Entwicklung, die Herstellung und den Vertrieb barrierefreier Informations- und Kommunikationstechnologien und -systeme in einem frühen Stadium zu fördern, sodass deren Barrierefreiheit mit möglichst geringem Kostenaufwand erreicht wird.

Artikel 10: Recht auf Leben

Die Vertragsstaaten bekräftigen, dass jeder Mensch ein innewohnendes Recht auf Leben hat, und treffen alle erforderlichen Maßnahmen, um den wirksamen Genuss dieses Rechts durch Menschen mit Behinderungen gleichberechtigt mit anderen zu gewährleisten.

Artikel 11: Gefahrensituationen und humanitäre Notlagen

Die Vertragsstaaten ergreifen im Einklang mit ihren Verpflichtungen nach dem Völkerrecht, einschließlich des humanitären Völkerrechts und der internationalen Menschenrechtsnormen, alle erforderlichen Maßnahmen, um in Gefahrensituationen, einschließlich bewaffneter Konflikte, humanitärer Notlagen und Naturkatastrophen, den Schutz und die Sicherheit von Menschen mit Behinderungen zu gewährleisten.

Artikel 12: Gleiche Anerkennung vor dem Recht

(1) Die Vertragsstaaten bekräftigen, dass Menschen mit Behinderungen das Recht haben, überall als Rechtssubjekt anerkannt zu werden.

(2) Die Vertragsstaaten anerkennen, dass Menschen mit Behinderungen in allen Lebensbereichen gleichberechtigt mit anderen Rechts- und Handlungsfähigkeit genießen.

(3) Die Vertragsstaaten treffen geeignete Maßnahmen, um Menschen mit Behinderungen Zugang zu der Unterstützung zu verschaffen, die sie bei der Ausübung ihrer Rechts- und Handlungsfähigkeit gegebenenfalls benötigen.

(4) Die Vertragsstaaten stellen sicher, dass zu allen die Ausübung der Rechts- und Handlungsfähigkeit betreffenden Maßnahmen im Einklang mit den internationalen Menschenrechtsnormen geeignete und wirksame Sicherungen vorgesehen werden, um Missbräuche zu verhindern. Diese Sicherungen müssen gewährleisten, dass bei den Maßnahmen betreffend die Ausübung der Rechts- und Handlungsfähigkeit die Rechte, der Wille und die Präferenzen der betreffenden Person geachtet werden, es nicht zu Interessenkonflikten und unangemessener Einflussnahme kommt, dass die Maßnahmen verhältnismäßig und auf die Umstände der Person zugeschnitten sind, dass sie von möglichst kurzer Dauer sind und dass sie einer regelmäßigen Überprüfung durch eine zuständige, unabhängige und unparteiische Behörde oder gerichtliche Stelle unterliegen. Die Sicherungen müssen im Hinblick auf das Ausmaß, in dem

diese Maßnahmen die Rechte und Interessen der Person berühren, verhältnismäßig sein.

(5) Vorbehaltlich dieses Artikels treffen die Vertragsstaaten alle geeigneten und wirksamen Maßnahmen, um zu gewährleisten, dass Menschen mit Behinderungen das gleiche Recht wie andere haben, Eigentum zu besitzen oder zu erben, ihre finanziellen Angelegenheiten selbst zu regeln und gleichen Zugang zu Bankdarlehen, Hypotheken und anderen Finanzkrediten zu haben, und gewährleisten, dass Menschen mit Behinderungen nicht willkürlich ihr Eigentum entzogen wird.

Artikel 13: Zugang zum Recht

(1) Die Vertragsstaaten gewährleisten Menschen mit Behinderungen gleichberechtigt mit anderen wirksamen Zugang zum Recht, unter anderem durch verfahrensbezogene und altersgemäße Vorkehrungen, um ihre wirksame unmittelbare und mittelbare Teilnahme, einschließlich als Zeugen und Zeuginnen, an allen Gerichtsverfahren, auch in der Ermittlungsphase und in anderen Vorverfahrensphasen, zu erleichtern.

(2) Um zur Gewährleistung des wirksamen Zugangs von Menschen mit Behinderungen zum Recht beizutragen, fördern die Vertragsstaaten geeignete Schulungen für die im Justizwesen tätigen Personen, einschließlich des Personals von Polizei und Strafvollzug.

Artikel 14: Freiheit und Sicherheit der Person

(1) Die Vertragsstaaten gewährleisten,

a) dass Menschen mit Behinderungen gleichberechtigt mit anderen das Recht auf persönliche Freiheit und Sicherheit genießen;

b) dass Menschen mit Behinderungen gleichberechtigt mit anderen die Freiheit nicht rechtswidrig oder willkürlich entzogen wird, dass jede Freiheitsentziehung im Einklang mit dem Gesetz erfolgt und dass das Vorliegen einer Behinderung in keinem Fall eine Freiheitsentziehung rechtfertigt.

(2) Die Vertragsstaaten gewährleisten, dass Menschen mit Behinderungen, denen aufgrund eines Verfahrens ihre Freiheit entzogen wird, gleichberechtigt mit anderen Anspruch auf die in den internationalen Menschenrechtsnormen vorgesehenen Garantien haben und im Einklang mit den Zielen und Grundsätzen dieses Übereinkommens behandelt werden, einschließlich durch die Bereitstellung angemessener Vorkehrungen.

Artikel 15: Freiheit von Folter oder grausamer, unmenschlicher oder erniedrigender Behandlung oder Strafe

(1) Niemand darf der Folter oder grausamer, unmenschlicher oder erniedrigender Behandlung oder Strafe unterworfen werden. Insbesondere darf niemand ohne seine freiwillige Zustimmung medizinischen oder wissenschaftlichen Versuchen unterworfen werden.

(2) Die Vertragsstaaten treffen alle wirksamen gesetzgeberischen, verwaltungsmäßigen, gerichtlichen oder sonstigen Maßnahmen, um auf der Grundlage der Gleichberechtigung mit anderen zu verhindern, dass Menschen mit Behinderungen der Folter oder grausamer, unmenschlicher oder erniedrigender Behandlung oder Strafe unterworfen werden.

Artikel 16: Freiheit von Ausbeutung, Gewalt und Missbrauch

(1) Die Vertragsstaaten treffen alle geeigneten Gesetzgebungs-, Verwaltungs-, Sozial-, Bildungs- und sonstigen Maßnahmen, um Menschen mit Behinderungen sowohl innerhalb als auch außerhalb der Wohnung vor jeder Form von Ausbeutung, Gewalt und Missbrauch, einschließlich der mit ihrem Geschlecht zusammenhängenden Aspekte, zu schützen.

(2) Die Vertragsstaaten treffen außerdem alle geeigneten Maßnahmen, um jede Form von Ausbeutung, Gewalt und

Missbrauch zu verhindern, indem sie unter anderem geeignete Formen von das Geschlecht und das Alter berücksichtigender Assistenz und Unterstützung für Menschen mit Behinderungen und ihre Familien und Betreuungspersonen gewährleisten, einschließlich durch die Bereitstellung von Informationen und Aufklärung darüber, wie Fälle von Ausbeutung, Gewalt und Missbrauch verhindert, erkannt und angezeigt werden können. Die Vertragsstaaten sorgen dafür, dass Schutzdienste das Alter, das Geschlecht und die Behinderung der betroffenen Personen berücksichtigen.

(3) Zur Verhinderung jeder Form von Ausbeutung, Gewalt und Missbrauch stellen die Vertragsstaaten sicher, dass alle Einrichtungen und Programme, die für Menschen mit Behinderungen bestimmt sind, wirksam von unabhängigen Behörden überwacht werden.

(4) Die Vertragsstaaten treffen alle geeigneten Maßnahmen, um die körperliche, kognitive und psychische Genesung, die Rehabilitation und die soziale Wiedereingliederung von Menschen mit Behinderungen, die Opfer irgendeiner Form von Ausbeutung, Gewalt oder Missbrauch werden, zu fördern, auch durch die Bereitstellung von Schutzeinrichtungen. Genesung und Wiedereingliederung müssen in einer Umgebung stattfinden, die der Gesundheit, dem Wohlergehen, der Selbstachtung, der Würde und der Autonomie des Menschen förderlich ist und geschlechts- und altersspezifischen Erfordernissen Rechnung trägt.

(5) Die Vertragsstaaten schaffen wirksame Rechtsvorschriften und politische Konzepte, einschließlich solcher, die auf Frauen und Kinder ausgerichtet sind, um sicherzustellen, dass Fälle von Ausbeutung, Gewalt und

Missbrauch gegenüber Menschen mit Behinderungen erkannt, untersucht und gegebenenfalls strafrechtlich verfolgt werden.

Artikel 17: Schutz der Unversehrtheit der Person

Jeder Mensch mit Behinderungen hat gleichberechtigt mit anderen das Recht auf Achtung seiner körperlichen und seelischen Unversehrtheit.

Artikel 18: Freizügigkeit und Staatsangehörigkeit

(1) Die Vertragsstaaten anerkennen das Recht von Menschen mit Behinderungen auf der Grundlage der Gleichberechtigung mit anderen auf Freizügigkeit, auf freie Wahl ihres Aufenthaltsorts und auf eine Staatsangehörigkeit, indem sie unter anderem gewährleisten, dass

a) Menschen mit Behinderungen das Recht haben, eine Staatsangehörigkeit zu erwerben und ihre Staatsangehörigkeit zu wechseln, und dass ihnen diese nicht willkürlich oder aufgrund von Behinderung entzogen wird;

b) Menschen mit Behinderungen nicht aufgrund von Behinderung die Möglichkeit versagt wird, Dokumente zum Nachweis ihrer Staatsangehörigkeit oder andere Identitätsdokumente zu erhalten, zu besitzen und zu verwenden oder einschlägige Verfahren wie Einwanderungsverfahren in Anspruch zu nehmen, die gegebenenfalls erforderlich sind, um die Ausübung des Rechts auf Freizügigkeit zu erleichtern;

c) Menschen mit Behinderungen die Freiheit haben, jedes Land einschließlich ihres eigenen zu verlassen;

d) Menschen mit Behinderungen nicht willkürlich oder aufgrund von Behinderung das Recht entzogen wird, in ihr eigenes Land einzureisen.

(2) Kinder mit Behinderungen sind unverzüglich nach ihrer Geburt in ein Register einzutragen und haben das Recht auf einen Namen von Geburt an, das Recht, eine Staatsangehörigkeit zu erwerben, und soweit möglich das Recht, ihre Eltern zu kennen und von ihnen betreut zu werden.

Artikel 19: Selbstbestimmtes Leben und Inklusion in der Gemeinschaft

Die Vertragsstaaten dieses Übereinkommens anerkennen das gleiche Recht aller Menschen mit Behinderungen, mit gleichen Wahlmöglichkeiten wie andere Menschen in der Gemeinschaft zu leben, und treffen wirksame und geeignete Maßnahmen, um Menschen mit Behinderungen den vollen Genuss dieses Rechts und ihre volle Inklusion in der Gemeinschaft und Teilhabe an der Gemeinschaft zu erleichtern, indem sie unter anderem gewährleisten, dass

a) Menschen mit Behinderungen gleichberechtigt mit anderen die Möglichkeit haben, ihren Aufenthaltsort zu wählen und zu entscheiden, wo und mit wem sie leben, und nicht verpflichtet sind, in besonderen Wohnformen zu leben;

b) Menschen mit Behinderungen Zugang zu einer Reihe von gemeindenahen Unterstützungsdiensten haben, zu Hause, in Einrichtungen und sonstiger Art, einschließlich der Persönlichen Assistenz, die zur Unterstützung des Lebens in der Gemeinschaft und der Inklusion in der Gemeinschaft sowie zur Verhinderung von Isolation und Segregation von der Gemeinschaft notwendig ist;

c) gemeindenahe Dienstleistungen und Einrichtungen für die Allgemeinheit Menschen mit Behinderungen auf der Grundlage der Gleichberechtigung zur Verfügung stehen und ihren Erfordernissen Rechnung tragen.

Artikel 20: Persönliche Mobilität

Die Vertragsstaaten treffen wirksame Maßnahmen, um für Menschen mit Behinderungen persönliche Mobilität mit größtmöglicher Selbstbestimmung sicherzustellen, indem sie unter anderem

a) die persönliche Mobilität von Menschen mit Behinderungen in der Art und Weise und zum Zeitpunkt ihrer Wahl und zu erschwinglichen Kosten erleichtern;

b) den Zugang von Menschen mit Behinderungen zu hochwertigen Mobilitätshilfen, Geräten, unterstützenden Technologien und menschlicher und tierischer Assistenz sowie Mittelspersonen erleichtern, auch durch deren Bereitstellung zu erschwinglichen Kosten;

c) Menschen mit Behinderungen und Fachkräften, die mit Menschen mit Behinderungen arbeiten, Schulungen in Mobilitätsfertigkeiten anbieten;

d) Hersteller von Mobilitätshilfen, Geräten und unterstützenden Technologien ermutigen, alle Aspekte der Mobilität für Menschen mit Behinderungen zu berücksichtigen.

Artikel 21: Recht der freien Meinungsäußerung, Meinungsfreiheit und Zugang zu Informationen

Die Vertragsstaaten treffen alle geeigneten Maßnahmen, um zu gewährleisten, dass Menschen mit Behinderungen das Recht auf freie Meinungsäußerung und Meinungsfreiheit, einschließlich der Freiheit, sich Informationen und Gedankengut zu beschaffen, zu empfangen und weiterzugeben, gleichberechtigt mit anderen und durch alle von ihnen gewählten Formen der Kommunikation im Sinne des Artikels 2 ausüben können, unter anderem indem sie

a) Menschen mit Behinderungen für die Allgemeinheit bestimmte Informationen rechtzeitig und ohne zusätzliche Kosten in barrierefreien Formaten und Technologien, die für unterschiedliche Arten der Behinderung geeignet sind, zur Verfügung stellen;

b) im Umgang mit Behörden die Verwendung von Gebärdensprachen, Brailleschrift, ergänzenden und alternativen Kommunikationsformen und allen sonstigen selbst gewählten barrierefreien Mitteln, Formen und

Formaten der Kommunikation durch Menschen mit Behinderungen akzeptieren und erleichtern;

c) private Rechtsträger, die, einschließlich durch das Internet, Dienste für die Allgemeinheit anbieten, dringend dazu auffordern, Informationen und Dienstleistungen in Formaten zur Verfügung zu stellen, die für Menschen mit Behinderungen barrierefrei zugänglich und nutzbar sind;

d) die Massenmedien, einschließlich der Anbieter von Informationen über das Internet, dazu auffordern, ihre Dienstleistungen für Menschen mit Behinderungen barrierefrei zu gestalten;

e) die Verwendung von Gebärdensprachen anerkennen und fördern.

Artikel 22: Achtung der Privatsphäre

(1) Menschen mit Behinderungen dürfen unabhängig von ihrem Aufenthaltsort oder der Wohnform, in der sie leben, keinen willkürlichen oder rechtswidrigen Eingriffen in ihr Privatleben, ihre Familie, ihre Wohnung oder ihren Schriftverkehr oder andere Arten der Kommunikation oder rechtswidrigen Beeinträchtigungen ihrer Ehre oder ihres Rufes ausgesetzt werden. Menschen mit Behinderungen haben Anspruch auf rechtlichen Schutz gegen solche Eingriffe oder Beeinträchtigungen.

(2) Die Vertragsstaaten schützen auf der Grundlage der Gleichberechtigung mit anderen die Vertraulichkeit von Informationen über die Person, die Gesundheit und die Rehabilitation von Menschen mit Behinderungen.

Artikel 23: Achtung der Wohnung und der Familie

(1) Die Vertragsstaaten treffen wirksame und geeignete Maßnahmen zur Beseitigung der Diskriminierung von Menschen mit Behinderungen auf der Grundlage der Gleichberechtigung mit anderen in allen Fragen, die Ehe, Familie, Elternschaft und Partnerschaften betreffen, um zu gewährleisten, dass

a) das Recht aller Menschen mit Behinderungen im heiratsfähigen Alter, auf der Grundlage des freien und vollen Einverständnisses der künftigen Ehegatten eine Ehe zu schließen und eine Familie zu gründen, anerkannt wird;

b) das Recht von Menschen mit Behinderungen auf freie und verantwortungsbewusste Entscheidung über die Anzahl ihrer Kinder und die Geburtenabstände sowie auf Zugang zu altersgemäßer Information sowie Aufklärung über Fortpflanzung und Familienplanung anerkannt wird und ihnen die notwendigen Mittel zur Ausübung dieser Rechte zur Verfügung gestellt werden;

c) Menschen mit Behinderungen, einschließlich Kindern, gleichberechtigt mit anderen ihre Fruchtbarkeit behalten.

(2) Die Vertragsstaaten gewährleisten die Rechte und Pflichten von Menschen mit Behinderungen in Fragen der Vormundschaft, Pflegschaft, Personen- und Vermögenssorge, Adoption von Kindern oder ähnlichen Rechtsinstituten, soweit das innerstaatliche Recht solche kennt; in allen Fällen ist das Wohl des Kindes ausschlaggebend. Die Vertragsstaaten unterstützen

Menschen mit Behinderungen in angemessener Weise bei der Wahrnehmung ihrer elterlichen Verantwortung.

(3) Die Vertragsstaaten gewährleisten, dass Kinder mit Behinderungen gleiche Rechte in Bezug auf das Familienleben haben. Zur Verwirklichung dieser Rechte und mit dem Ziel, das Verbergen, das Aussetzen, die Vernachlässigung und die Absonderung von Kindern mit Behinderungen zu verhindern, verpflichten sich die Vertragsstaaten, Kindern mit Behinderungen und ihren Familien frühzeitig umfassende Informationen, Dienste und Unterstützung zur Verfügung zu stellen.

(4) Die Vertragsstaaten gewährleisten, dass ein Kind nicht gegen den Willen seiner Eltern von diesen getrennt wird, es sei denn, dass die zuständigen Behörden in einer gerichtlich nachprüfbaren Entscheidung nach den anzuwendenden Rechtsvorschriften und Verfahren bestimmen, dass diese Trennung zum Wohl des Kindes notwendig ist. In keinem Fall darf das Kind aufgrund einer Behinderung entweder des Kindes oder eines oder beider Elternteile von den Eltern getrennt werden.

(5) Die Vertragsstaaten verpflichten sich, in Fällen, in denen die nächsten Familienangehörigen nicht in der Lage sind, für ein Kind mit Behinderungen zu sorgen, alle Anstrengungen zu unternehmen, um andere Formen der Betreuung innerhalb der weiteren Familie und, falls dies nicht möglich ist, innerhalb der Gemeinschaft in einem familienähnlichen Umfeld zu gewährleisten.

Artikel 24: Bildung

(1) Die Vertragsstaaten anerkennen das Recht von Menschen mit Behinderungen auf Bildung. Um dieses Recht ohne Diskriminierung und auf der Grundlage der Chancengleichheit zu verwirklichen, gewährleisten die Vertragsstaaten ein inklusives Bildungssystem auf allen Ebenen und lebenslanges Lernen mit dem Ziel,

a) die menschlichen Möglichkeiten sowie das Bewusstsein der Würde und das Selbstwertgefühl des Menschen voll zur Entfaltung zu bringen und die Achtung vor den Menschenrechten, den Grundfreiheiten und der menschlichen Vielfalt zu stärken;

b) Menschen mit Behinderungen ihre Persönlichkeit, ihre Begabungen und ihre Kreativität sowie ihre mentalen und körperlichen Fähigkeiten voll zur Entfaltung bringen zu lassen;

c) Menschen mit Behinderungen zur wirksamen Teilhabe an einer freien Gesellschaft zu befähigen.

(2) Bei der Verwirklichung dieses Rechts stellen die Vertragsstaaten sicher, dass

a) Menschen mit Behinderungen nicht aufgrund von Behinderung vom allgemeinen Bildungssystem ausgeschlossen werden und dass Kinder mit Behinderungen nicht aufgrund von Behinderung vom unentgeltlichen und obligatorischen Grundschulunterricht oder vom Besuch weiterführender Schulen ausgeschlossen werden;

b) Menschen mit Behinderungen gleichberechtigt mit anderen in der Gemeinschaft, in der sie leben, Zugang zu einem inklusiven, hochwertigen und unentgeltlichen Unterricht an Grundschulen und weiterführenden Schulen haben;

c) angemessene Vorkehrungen für die Bedürfnisse des Einzelnen getroffen werden;

d) Menschen mit Behinderungen innerhalb des allgemeinen Bildungssystems die notwendige Unterstützung geleistet wird, um ihre wirksame Bildung zu erleichtern;

e) in Übereinstimmung mit dem Ziel der vollständigen Inklusion wirksame individuell angepasste Unterstützungsmaßnahmen in einem Umfeld, das die bestmögliche schulische und soziale Entwicklung gestattet, angeboten werden.

(3) Die Vertragsstaaten ermöglichen Menschen mit Behinderungen, lebenspraktische Fertigkeiten und soziale Kompetenzen zu erwerben, um ihre volle Teilhabe gleichberechtigt mit anderen an der Bildung und als Mitglieder der Gemeinschaft zu erleichtern. Zu diesem Zweck ergreifen die Vertragsstaaten geeignete Maßnahmen; unter anderem

a) erleichtern sie das Erlernen von Brailleschrift, alternativer Schrift, ergänzenden und alternativen Formen, Mitteln und Formaten der Kommunikation, den Erwerb von Orientierungs- und Mobilitätsfertigkeiten sowie die Unterstützung durch andere Menschen mit Behinderungen und das Mentoring;

b) erleichtern sie das Erlernen der Gebärdensprache und die Förderung der sprachlichen Identität der Gehörlosengemeinschaft;

c) stellen sie sicher, dass blinden, gehörlosen, schwerhörigen, hörsehbehinderten oder taubblinden Menschen, insbesondere Kindern, Bildung in den Sprachen und Kommunikationsformen und mit den Kommunikationsmitteln, die für den Einzelnen am besten geeignet sind, sowie in einem Umfeld vermittelt wird, das die bestmögliche schulische und soziale Entwicklung gestattet.

(4) Um zur Verwirklichung dieses Rechts beizutragen, treffen die Vertragsstaaten geeignete Maßnahmen zur Einstellung von Lehrkräften, einschließlich solcher mit Behinderungen, die in Gebärdensprache oder Brailleschrift ausgebildet sind, und zur Schulung von Fachkräften sowie Mitarbeitern und Mitarbeiterinnen auf allen Ebenen des Bildungswesens. Diese Schulung schließt die Schärfung des Bewusstseins für Behinderungen und die Verwendung geeigneter ergänzender und alternativer Formen, Mittel und Formate der Kommunikation sowie pädagogische Verfahren und Materialien zur Unterstützung von Menschen mit Behinderungen ein.

(5) Die Vertragsstaaten stellen sicher, dass Menschen mit Behinderungen ohne Diskriminierung und gleichberechtigt mit anderen Zugang zu allgemeiner tertiärer Bildung, Berufsausbildung, Erwachsenenbildung und lebenslangem Lernen haben. Zu diesem Zweck stellen die Vertragsstaaten sicher, dass für Menschen mit Behinderungen angemessene Vorkehrungen getroffen werden.

Artikel 25: Gesundheit

Die Vertragsstaaten anerkennen das Recht von Menschen mit Behinderungen. das erreichbare Höchstmaß an Gesundheit ohne Diskriminierung aufgrund von Behinderung zu genießen. Die Vertragsstaaten treffen alle geeigneten Maßnahmen, um zu gewährleisten, dass Menschen mit Behinderungen Zugang zu geschlechtsspezifischen Gesundheitsdiensten, einschließlich gesundheitlicher Rehabilitation, haben. Insbesondere

a) stellen die Vertragsparteien Menschen mit Behinderungen eine unentgeltliche oder erschwingliche Gesundheitsversorgung in derselben Bandbreite, von derselben Qualität und auf demselben Standard zur Verfügung wie anderen Menschen, einschließlich sexual- und fortpflanzungsmedizinischer Gesundheitsleistungen und der Gesamtbevölkerung zur Verfügung stehender Programme des öffentlichen Gesundheitswesens;

b) bieten die Vertragsstaaten die Gesundheitsleistungen an, die von Menschen mit Behinderungen speziell wegen ihrer Behinderungen benötigt werden, soweit angebracht, einschließlich Früherkennung und Frühintervention, sowie Leistungen, durch die, auch bei Kindern und älteren Menschen, weitere Behinderungen möglichst gering gehalten oder vermieden werden sollen;

c) bieten die Vertragsstaaten diese Gesundheitsleistungen so gemeindenah wie möglich an, auch in ländlichen Gebieten;

d) erlegen die Vertragsstaaten den Angehörigen der Gesundheitsberufe die Verpflichtung auf, Menschen mit

Behinderungen eine Versorgung von gleicher Qualität wie anderen Menschen angedeihen zu lassen, namentlich auf der Grundlage der freien Einwilligung nach vorheriger Aufklärung, indem sie unter anderem durch Schulungen und den Erlass ethischer Normen für die staatliche und private Gesundheitsversorgung das Bewusstsein für die Menschenrechte, die Würde, die Autonomie und die Erfordernisse von Menschen mit Behinderungen schärfen;

e) verbieten die Vertragsstaaten die Diskriminierung von Menschen mit Behinderungen in der Krankenversicherung und in der Lebensversicherung, soweit eine solche Versicherung nach innerstaatlichem Recht zulässig ist; solche Versicherungen sind zu fairen und angemessenen Bedingungen anzubieten;

f) verhindern die Vertragsstaaten die diskriminierende Vorenthaltung von Gesundheitsversorgung oder -leistungen oder von Nahrungsmitteln und Flüssigkeiten aufgrund von Behinderung.

Artikel 26: Vermittlung von Fähigkeiten und Rehabilitation

(1) Die Vertragsstaaten treffen wirksame und geeignete Maßnahmen, einschließlich durch die Unterstützung durch andere Menschen mit Behinderungen, um Menschen mit Behinderungen in die Lage zu versetzen, ein Höchstmaß an Selbstbestimmung, umfassende körperliche, mentale, soziale und berufliche Fähigkeiten sowie die volle Inklusion in alle Aspekte des Lebens und die volle Teilhabe an allen Aspekten des Lebens zu erreichen und zu bewahren. Zu diesem Zweck organisieren, stärken und

erweitern die Vertragsstaaten umfassende Dienste und Programme zur Vermittlung von Fähigkeiten und zur Rehabilitation, insbesondere auf dem Gebiet der Gesundheit, der Beschäftigung, der Bildung und der Sozialdienste, und zwar so, dass diese Leistungen und Programme

a) im frühestmöglichen Stadium einsetzen und auf einer multidisziplinären Bewertung der individuellen Erfordernisse und Stärken beruhen;

b) die Inklusion in die Gemeinschaft und die Gesellschaft in allen ihren Aspekten sowie die Teilhabe daran unterstützen, freiwillig sind und Menschen mit Behinderungen so gemeindenah wie möglich zur Verfügung stehen, auch in ländlichen Gebieten.

(2) Die Vertragsstaaten fördern die Entwicklung der Aus- und Fortbildung für Fachkräfte und Mitarbeiter und Mitarbeiterinnen in Diensten zur Vermittlung von Fähigkeiten und zur Rehabilitation.

(3) Die Vertragsstaaten fördern die Verfügbarkeit, die Kenntnis und die Verwendung unterstützender Geräte und Technologien, die für Menschen mit Behinderungen bestimmt sind, für die Zwecke der Vermittlung von Fähigkeiten und der Rehabilitation.

Artikel 27: Arbeit und Beschäftigung

(1) Die Vertragsstaaten anerkennen das Recht von Menschen mit Behinderungen auf der Grundlage der Gleichberechtigung mit anderen auf Arbeit; dies beinhaltet das Recht auf die Möglichkeit, den Lebensunterhalt durch

Arbeit zu verdienen, die in einem offenen, inklusiven und für Menschen mit Behinderungen zugänglichen Arbeitsmarkt und Arbeitsumfeld frei gewählt oder angenommen wird. Die Vertragsstaaten sichern und fördern die Verwirklichung des Rechts auf Arbeit, einschließlich für Menschen, die während der Beschäftigung eine Behinderung erwerben, durch geeignete Schritte, einschließlich des Erlasses von Rechtsvorschriften, um unter anderem

a) Diskriminierung aufgrund von Behinderung in allen Angelegenheiten im Zusammenhang mit einer Beschäftigung gleich welcher Art, einschließlich der Auswahl-, Einstellungs- und Beschäftigungsbedingungen, der Weiterbeschäftigung, des beruflichen Aufstiegs sowie sicherer und gesunder Arbeitsbedingungen, zu verbieten;

b) das Recht von Menschen mit Behinderungen auf der Grundlage der Gleichberechtigung mit anderen auf gerechte und günstige Arbeitsbedingungen, einschließlich Chancengleichheit und gleichen Entgelts für gleichwertige Arbeit, auf sichere und gesunde Arbeitsbedingungen, einschließlich Schutz vor Belästigungen, und auf Abhilfe bei Missständen zu schützen;

c) zu gewährleisten, dass Menschen mit Behinderungen ihre Arbeitnehmer- und Gewerkschaftsrechte gleichberechtigt mit anderen ausüben können;

d) Menschen mit Behinderungen wirksamen Zugang zu allgemeinen fachlichen und beruflichen Beratungsprogrammen, Stellenvermittlung sowie Berufsausbildung und Weiterbildung zu ermöglichen;

e) für Menschen mit Behinderungen Beschäftigungsmöglichkeiten und beruflichen Aufstieg auf dem Arbeitsmarkt sowie die Unterstützung bei der Arbeitssuche, beim Erhalt und der Beibehaltung eines Arbeitsplatzes und beim beruflichen Wiedereinstieg zu fördern;

f) Möglichkeiten für Selbständigkeit, Unternehmertum, die Bildung von Genossenschaften und die Gründung eines eigenen Geschäfts zu fördern;

g) Menschen mit Behinderungen im öffentlichen Sektor zu beschäftigen;

h) die Beschäftigung von Menschen mit Behinderungen im privaten Sektor durch geeignete Strategien und Maßnahmen zu fördern, wozu auch Programme für positive Maßnahmen, Anreize und andere Maßnahmen gehören können;

i) sicherzustellen, dass am Arbeitsplatz angemessene Vorkehrungen für Menschen mit Behinderungen getroffen werden;

j) das Sammeln von Arbeitserfahrung auf dem allgemeinen Arbeitsmarkt durch Menschen mit Behinderungen zu fördern;

k) Programme für die berufliche und fachliche Rehabilitation, den Erhalt des Arbeitsplatzes und den beruflichen Wiedereinstieg von Menschen mit Behinderungen zu fördern.

(2) Die Vertragsstaaten stellen sicher, dass Menschen mit Behinderungen nicht in Sklaverei oder Leibeigenschaft

gehalten werden und dass sie gleichberechtigt mit anderen vor Zwangs- oder Pflichtarbeit geschützt werden.

Artikel 28: Angemessener Lebensstandard und sozialer Schutz

(1) Die Vertragsstaaten anerkennen das Recht von Menschen mit Behinderungen auf einen angemessenen Lebensstandard für sich selbst und ihre Familien, einschließlich angemessener Ernährung, Bekleidung und Wohnung, sowie auf eine stetige Verbesserung der Lebensbedingungen und unternehmen geeignete Schritte zum Schutz und zur Förderung der Verwirklichung dieses Rechts ohne Diskriminierung aufgrund von Behinderung.

(2) Die Vertragsstaaten anerkennen das Recht von Menschen mit Behinderungen auf sozialen Schutz und den Genuss dieses Rechts ohne Diskriminierung aufgrund von Behinderung und unternehmen geeignete Schritte zum Schutz und zur Förderung der Verwirklichung dieses Rechts, einschließlich Maßnahmen, um

a) Menschen mit Behinderungen gleichberechtigten Zugang zur Versorgung mit sauberem Wasser und den Zugang zu geeigneten und erschwinglichen Dienstleistungen, Geräten und anderen Unterstützungsformen für Erfordernisse im Zusammenhang mit ihrer Behinderung zu sichern;

b) Menschen mit Behinderungen, insbesondere Frauen und Mädchen sowie älteren Menschen mit Behinderungen, den Zugang zu Programmen für sozialen Schutz und Programmen zur Armutsbekämpfung zu sichern;

c) in Armut lebenden Menschen mit Behinderungen und ihren Familien den Zugang zu staatlicher Förderung bei behinderungsbedingten Aufwendungen, einschließlich ausreichender Schulung, Beratung, finanzieller Unterstützung sowie Kurzzeitbetreuung, zu sichern;

d) Menschen mit Behinderungen den Zugang zu öffentlich geförderten Wohnbauprogrammen zu sichern;

e) Menschen mit Behinderungen gleichberechtigten Zugang zu Leistungen und Programmen der Altersversorgung zu sichern.

Artikel 29: Teilhabe am politischen und öffentlichen Leben

Die Vertragsstaaten garantieren Menschen mit Behinderungen die politischen Rechte sowie die Möglichkeit, diese gleichberechtigt mit anderen zu genießen, und verpflichten sich,

a) sicherzustellen, dass Menschen mit Behinderungen gleichberechtigt mit anderen wirksam und umfassend am politischen und öffentlichen Leben teilhaben können, sei es unmittelbar oder durch frei gewählte Vertreter oder Vertreterinnen, was auch das Recht und die Möglichkeit einschließt, zu wählen und gewählt zu werden; unter anderem

i) stellen sie sicher, dass die Wahlverfahren, -einrichtungen und -materialien geeignet, barrierefrei und leicht zu verstehen und zu handhaben sind;

ii) schützen sie das Recht von Menschen mit Behinderungen, bei Wahlen und Volksabstimmungen in geheimer Abstimmung ohne Einschüchterung ihre Stimme abzugeben, bei Wahlen zu kandidieren, ein Amt wirksam innezuhaben und alle öffentlichen Aufgaben auf allen Ebenen staatlicher Tätigkeit wahrzunehmen, indem sie gegebenenfalls die Nutzung unterstützender und neuer Technologien erleichtern;

iii) garantieren sie die freie Willensäußerung von Menschen mit Behinderungen als Wähler und Wählerinnen und erlauben zu diesem Zweck im Bedarfsfall auf ihren Wunsch, dass sie sich bei der Stimmabgabe durch eine Person ihrer Wahl unterstützen lassen;

b) aktiv ein Umfeld zu fördern, in dem Menschen mit Behinderungen ohne Diskriminierung und gleichberechtigt mit anderen wirksam und umfassend an der Gestaltung der öffentlichen Angelegenheiten mitwirken können, und ihre Mitwirkung an den öffentlichen Angelegenheiten zu begünstigen, unter anderem

i) die Mitarbeit in nichtstaatlichen Organisationen und Vereinigungen, die sich mit dem öffentlichen und politischen Leben ihres Landes befassen, und an den Tätigkeiten und der Verwaltung politischer Parteien;

ii) die Bildung von Organisationen von Menschen mit Behinderungen, die sie auf internationaler, nationaler, regionaler und lokaler Ebene vertreten, und den Beitritt zu solchen Organisationen.

Artikel 30: Teilhabe am kulturellen Leben sowie an Erholung, Freizeit und Sport

(1) Die Vertragsstaaten anerkennen das Recht von Menschen mit Behinderungen, gleichberechtigt mit anderen am kulturellen Leben teilzunehmen, und treffen alle geeigneten Maßnahmen, um sicherzustellen, dass Menschen mit Behinderungen

a) Zugang zu kulturellem Material in barrierefreien Formaten haben;

b) Zugang zu Fernsehprogrammen, Filmen, Theatervorstellungen und anderen kulturellen Aktivitäten in barrierefreien Formaten haben;

c) Zugang zu Orten kultureller Darbietungen oder Dienstleistungen, wie Theatern, Museen, Kinos, Bibliotheken und Tourismusdiensten, sowie, so weit wie möglich, zu Denkmälern und Stätten von nationaler kultureller Bedeutung haben.

(2) Die Vertragsstaaten treffen geeignete Maßnahmen, um Menschen mit Behinderungen die Möglichkeit zu geben, ihr kreatives, künstlerisches und intellektuelles Potenzial zu entfalten und zu nutzen, nicht nur für sich selbst, sondern auch zur Bereicherung der Gesellschaft.

(3) Die Vertragsstaaten unternehmen alle geeigneten Schritte im Einklang mit dem Völkerrecht, um sicherzustellen, dass Gesetze zum Schutz von Rechten des geistigen Eigentums keine ungerechtfertigte oder

diskriminierende Barriere für den Zugang von Menschen mit Behinderungen zu kulturellem Material darstellen.
(4) Menschen mit Behinderungen haben gleichberechtigt mit anderen Anspruch auf Anerkennung und Unterstützung ihrer spezifischen kulturellen und sprachlichen Identität, einschließlich der Gebärdensprachen und der Gehörlosenkultur.

(5) Mit dem Ziel, Menschen mit Behinderungen gleichberechtigt mit anderen die Teilhabe an Erholungs-, Freizeit- und Sportaktivitäten zu ermöglichen, treffen die Vertragsstaaten geeignete Maßnahmen,

a) um Menschen mit Behinderungen zu ermutigen, so umfassend wie möglich an breitensportlichen Aktivitäten auf allen Ebenen teilzunehmen, und ihre Teilnahme zu fördern;

b) um sicherzustellen, dass Menschen mit Behinderungen die Möglichkeit haben, behinderungsspezifische Sport- und Erholungsaktivitäten zu organisieren, zu entwickeln und an solchen teilzunehmen, und zu diesem Zweck die Bereitstellung eines geeigneten Angebots an Anleitung, Training und Ressourcen auf der Grundlage der Gleichberechtigung mit anderen zu fördern;

c) um sicherzustellen, dass Menschen mit Behinderungen Zugang zu Sport-, Erholungs- und Tourismusstätten haben;

d) um sicherzustellen, dass Kinder mit Behinderungen gleichberechtigt mit anderen Kindern an Spiel-, Erholungs-, Freizeit- und Sportaktivitäten teilnehmen können, einschließlich im schulischen Bereich;

e) um sicherzustellen, dass Menschen mit Behinderungen barrierefreien Zugang zu der mit der Organisation von Erholungs-, Tourismus-, Freizeit- und Sportaktivitäten befassten Personen und Einrichtungen haben.

Artikel 31: Statistik und Datensammlung

(1) Die Vertragsstaaten verpflichten sich zur Sammlung geeigneter Informationen, einschließlich statistischer Angaben und Forschungsdaten, die ihnen ermöglichen, politische Konzepte zur Durchführung dieses Übereinkommens auszuarbeiten und umzusetzen. Das Verfahren zur Sammlung und Aufbewahrung dieser Informationen muss

a) mit den gesetzlichen Schutzvorschriften, einschließlich der Rechtsvorschriften über den Datenschutz, zur Sicherung der Vertraulichkeit und der Achtung der Privatsphäre von Menschen mit Behinderungen im Einklang stehen;

b) mit den international anerkannten Normen zum Schutz der Menschenrechte und Grundfreiheiten und den ethischen Grundsätzen für die Sammlung und Nutzung statistischer Daten im Einklang stehen.

(2) Die im Einklang mit diesem Artikel gesammelten Informationen werden, soweit angebracht, aufgeschlüsselt und dazu verwendet, die Umsetzung der Verpflichtungen aus diesem Übereinkommen durch die Vertragsstaaten zu beurteilen und die Hindernisse, denen sich Menschen mit

Behinderungen bei der Ausübung ihrer Rechte gegenübersehen, zu ermitteln und anzugehen.

(3) Die Vertragsstaaten übernehmen die Verantwortung für die Verbreitung dieser Statistiken und sorgen dafür, dass sie für Menschen mit Behinderungen und andere barrierefrei zugänglich sind.

Artikel 32: Internationale Zusammenarbeit

(1) Die Vertragsstaaten anerkennen die Bedeutung der internationalen Zusammenarbeit und deren Förderung zur Unterstützung der einzelstaatlichen Anstrengungen für die Verwirklichung des Zwecks und der Ziele dieses Übereinkommens und treffen diesbezüglich geeignete und wirksame Maßnahmen, zwischenstaatlich sowie, soweit angebracht, in Partnerschaft mit den einschlägigen internationalen und regionalen Organisationen und der Zivilgesellschaft, insbesondere Organisationen von Menschen mit Behinderungen. Unter anderem können sie Maßnahmen ergreifen, um

a) sicherzustellen, dass die internationale Zusammenarbeit, einschließlich internationaler Entwicklungsprogramme, für Menschen mit Behinderungen inklusiv und barrierefrei zugänglich ist;

b) den Aufbau von Kapazitäten zu erleichtern und zu unterstützen, unter anderem durch den Austausch und die Weitergabe von Informationen, Erfahrungen, Ausbildungsprogrammen und vorbildlichen Praktiken;

c) die Forschungszusammenarbeit und den Zugang zu wissenschaftlichen und technischen Kenntnissen zu erleichtern;

d) soweit angebracht, technische und wirtschaftliche Unterstützung zu leisten, unter anderem durch Erleichterung des Zugangs zu barrierefreien und unterstützenden Technologien und ihres Austauschs sowie durch Weitergabe von Technologien.

(2) Dieser Artikel berührt nicht die Pflicht jedes Vertragsstaats, seine Verpflichtungen aus diesem Übereinkommen zu erfüllen.

Artikel 33: Innerstaatliche Durchführung und Überwachung

(1) Die Vertragsstaaten bestimmen nach Maßgabe ihrer staatlichen Organisation eine oder mehrere staatliche Anlaufstellen für Angelegenheiten im Zusammenhang mit der Durchführung dieses Übereinkommens und prüfen sorgfältig die Schaffung oder Bestimmung eines staatlichen Koordinierungsmechanismus, der die Durchführung der entsprechenden Maßnahmen in verschiedenen Bereichen und auf verschiedenen Ebenen erleichtern soll.

(2) Die Vertragsstaaten unterhalten, stärken, bestimmen oder schaffen nach Maßgabe ihres Rechts- und Verwaltungssystems auf einzelstaatlicher Ebene für die Förderung, den Schutz und die Überwachung der Durchführung dieses Übereinkommens eine Struktur, die, je nachdem, was angebracht ist, einen oder mehrere unabhängige Mechanismen einschließt. Bei der

Bestimmung oder Schaffung eines solchen Mechanismus berücksichtigen die Vertragsstaaten die Grundsätze betreffend die Rechtsstellung und die Arbeitsweise der einzelstaatlichen Institutionen zum Schutz und zur Förderung der Menschenrechte.

(3) Die Zivilgesellschaft, insbesondere Menschen mit Behinderungen und die sie vertretenden Organisationen, wird in den Überwachungsprozess einbezogen und partizipiert daran in vollem Umfang.

Artikel 34: Ausschuss für die Rechte von Menschen mit Behinderungen

(1) Es wird ein Ausschuss für die Rechte von Menschen mit Behinderungen (im Folgenden als "Ausschuss" bezeichnet) eingesetzt, der die nachstehend festgelegten Aufgaben wahrnimmt.

(2) Der Ausschuss besteht zum Zeitpunkt des Inkrafttretens dieses Übereinkommens aus zwölf Sachverständigen. Nach sechzig weiteren Ratifikationen oder Beitritten zu dem Übereinkommen erhöht sich die Zahl der Ausschussmitglieder um sechs auf die Höchstzahl von achtzehn.

(3) Die Ausschussmitglieder sind in persönlicher Eigenschaft tätig und müssen Persönlichkeiten von hohem sittlichen Ansehen und anerkannter Sachkenntnis und Erfahrung auf dem von diesem Übereinkommen erfassten Gebiet sein. Die Vertragsstaaten sind aufgefordert, bei der Benennung ihrer Kandidaten oder Kandidatinnen Artikel 4 Absatz 3 gebührend zu berücksichtigen.

(4) Die Ausschussmitglieder werden von den Vertragsstaaten gewählt, wobei auf eine gerechte geografische Verteilung, die Vertretung der verschiedenen Kulturkreise und der hauptsächlichen Rechtssysteme, die ausgewogene Vertretung der Geschlechter und die Beteiligung von sachverständigen Menschen mit Behinderungen zu achten ist.

(5) Die Ausschussmitglieder werden auf Sitzungen der Konferenz der Vertragsstaaten in geheimer Wahl aus einer Liste von Personen gewählt, die von den Vertragsstaaten aus dem Kreis ihrer Staatsangehörigen benannt worden sind. Auf diesen Sitzungen, die beschlussfähig sind, wenn zwei Drittel der Vertragsstaaten vertreten sind, gelten diejenigen Kandidaten oder Kandidatinnen als in den Ausschuss gewählt, welche die höchste Stimmenzahl und die absolute Stimmenmehrheit der anwesenden und abstimmenden Vertreter beziehungsweise Vertreterinnen der Vertragsstaaten auf sich vereinigen.

(6) Die erste Wahl findet spätestens sechs Monate nach Inkrafttreten dieses Übereinkommens statt. Spätestens vier Monate vor jeder Wahl fordert der Generalsekretär der Vereinten Nationen die Vertragsstaaten schriftlich auf, innerhalb von zwei Monaten ihre Benennungen einzureichen. Der Generalsekretär fertigt sodann eine alphabetische Liste aller auf diese Weise benannten Personen an, unter Angabe der Vertragsstaaten, die sie benannt haben, und übermittelt sie den Vertragsstaaten.

(7) Die Ausschussmitglieder werden für vier Jahre gewählt. Ihre einmalige Wiederwahl ist zulässig. Die Amtszeit von sechs der bei der ersten Wahl gewählten Mitglieder läuft jedoch nach zwei Jahren ab; unmittelbar nach der ersten Wahl werden die Namen dieser sechs

Mitglieder von dem oder der Vorsitzenden der in Absatz 5 genannten Sitzung durch das Los bestimmt.

(8) Die Wahl der sechs zusätzlichen Ausschussmitglieder findet bei den ordentlichen Wahlen im Einklang mit den einschlägigen Bestimmungen dieses Artikels statt.

(9) Wenn ein Ausschussmitglied stirbt oder zurücktritt oder erklärt, dass es aus anderen Gründen seine Aufgaben nicht mehr wahrnehmen kann, ernennt der Vertragsstaat, der das Mitglied benannt hat, für die verbleibende Amtszeit eine andere sachverständige Person, die über die Befähigungen verfügt und die Voraussetzungen erfüllt, die in den einschlägigen Bestimmungen dieses Artikels beschrieben sind.

(10) Der Ausschuss gibt sich eine Geschäftsordnung.

(11) Der Generalsekretär der Vereinten Nationen stellt dem Ausschuss das Personal und die Einrichtungen zur Verfügung, die dieser zur wirksamen Wahrnehmung seiner Aufgaben nach diesem Übereinkommen benötigt, und beruft seine erste Sitzung ein.

(12) Die Mitglieder des nach diesem Übereinkommen eingesetzten Ausschusses erhalten mit Zustimmung der Generalversammlung der Vereinten Nationen Bezüge aus Mitteln der Vereinten Nationen zu den von der Generalversammlung unter Berücksichtigung der Bedeutung der Aufgaben des Ausschusses zu beschließenden Bedingungen.

(13) Die Ausschussmitglieder haben Anspruch auf die Erleichterungen, Vorrechte und Immunitäten der Sachverständigen im Auftrag der Vereinten Nationen, die

in den einschlägigen Abschnitten des Übereinkommens über die Vorrechte und Immunitäten der Vereinten Nationen vorgesehen sind.

Artikel 35: Berichte der Vertragsstaaten

(1) Jeder Vertragsstaat legt dem Ausschuss über den Generalsekretär der Vereinten Nationen innerhalb von zwei Jahren nach Inkrafttreten dieses Übereinkommens für den betreffenden Vertragsstaat einen umfassenden Bericht über die Maßnahmen, die er zur Erfüllung seiner Verpflichtungen aus dem Übereinkommen getroffen hat, und über die dabei erzielten Fortschritte vor.

(2) Danach legen die Vertragsstaaten mindestens alle vier Jahre und darüber hinaus jeweils auf Anforderung des Ausschusses Folgeberichte vor.

(3) Der Ausschuss beschließt allfällige Leitlinien für den Inhalt der Berichte.

(4) Ein Vertragsstaat, der dem Ausschuss einen ersten umfassenden Bericht vorgelegt hat, braucht in seinen Folgeberichten die früher mitgeteilten Angaben nicht zu wiederholen. Die Vertragsstaaten sind gebeten, ihre Berichte an den Ausschuss in einem offenen und transparenten Verfahren zu erstellen und dabei Artikel 4 Absatz 3 gebührend zu berücksichtigen.

(5) In den Berichten kann auf Faktoren und Schwierigkeiten hingewiesen werden, die das Ausmaß der Erfüllung der Verpflichtungen aus diesem Übereinkommen beeinflussen.

Artikel 36: Prüfung der Berichte

(1) Der Ausschuss prüft jeden Bericht; er kann ihn mit den ihm geeignet erscheinenden Vorschlägen und allgemeinen Empfehlungen versehen und leitet diese dem betreffenden Vertragsstaat zu. Dieser kann dem Ausschuss hierauf jede Information übermitteln, die er zu geben wünscht. Der Ausschuss kann die Vertragsstaaten um weitere Angaben über die Durchführung dieses Übereinkommens ersuchen.

(2) Liegt ein Vertragsstaat mit der Vorlage eines Berichts in erheblichem Rückstand, so kann der Ausschuss dem betreffenden Vertragsstaat notifizieren, dass die Durchführung dieses Übereinkommens im betreffenden Vertragsstaat auf der Grundlage der dem Ausschuss zur Verfügung stehenden zuverlässigen Informationen geprüft werden muss, falls der Bericht nicht innerhalb von drei Monaten nach dieser Notifikation vorgelegt wird. Der Ausschuss fordert den betreffenden Vertragsstaat auf, bei dieser Prüfung mitzuwirken. Falls der Vertragsstaat daraufhin den Bericht vorlegt, findet Absatz 1 Anwendung.

(3) Der Generalsekretär der Vereinten Nationen stellt die Berichte allen Vertragsstaaten zur Verfügung.

(4) Die Vertragsstaaten sorgen für eine weite Verbreitung ihrer Berichte im eigenen Land und erleichtern den Zugang zu den Vorschlägen und allgemeinen Empfehlungen zu diesen Berichten.

(5) Der Ausschuss übermittelt, wenn er dies für angebracht hält, den Sonderorganisationen, Fonds und Programmen der Vereinten Nationen und anderen zuständigen Stellen Berichte der Vertragsstaaten, damit

ein darin enthaltenes Ersuchen um fachliche Beratung oder Unterstützung oder ein darin enthaltener Hinweis, dass ein diesbezügliches Bedürfnis besteht, aufgegriffen werden kann; etwaige Bemerkungen und Empfehlungen des Ausschusses zu diesen Ersuchen oder Hinweisen werden beigefügt.

Artikel 37: Zusammenarbeit zwischen den Vertragsstaaten und dem Ausschuss

(1) Jeder Vertragsstaat arbeitet mit dem Ausschuss zusammen und ist seinen Mitgliedern bei der Erfüllung ihres Mandats behilflich.

(2) In seinen Beziehungen zu den Vertragsstaaten prüft der Ausschuss gebührend Möglichkeiten zur Stärkung der einzelstaatlichen Fähigkeiten zur Durchführung dieses Übereinkommens, einschließlich durch internationale Zusammenarbeit.

Artikel 38: Beziehungen des Ausschusses zu anderen Organen

Um die wirksame Durchführung dieses Übereinkommens und die internationale Zusammenarbeit auf dem von dem Übereinkommen erfassten Gebiet zu fördern,

a) haben die Sonderorganisationen und andere Organe der Vereinten Nationen das Recht, bei der Erörterung der

Durchführung derjenigen Bestimmungen des Übereinkommens, die in ihren Aufgabenbereich fallen, vertreten zu sein. Der Ausschuss kann, wenn er dies für angebracht hält, Sonderorganisationen und andere zuständige Stellen einladen, sachkundige Stellungnahmen zur Durchführung des Übereinkommens auf Gebieten abzugeben, die in ihren jeweiligen Aufgabenbereich fallen. Der Ausschuss kann Sonderorganisationen und andere Organe der Vereinten Nationen einladen, ihm Berichte über die Durchführung des Übereinkommens auf den Gebieten vorzulegen, die in ihren Tätigkeitsbereich fallen;

b) konsultiert der Ausschuss bei der Wahrnehmung seines Mandats, soweit angebracht, andere einschlägige Organe, die durch internationale Menschenrechtsverträge geschaffen wurden, mit dem Ziel, die Kohärenz ihrer jeweiligen Berichterstattungsleitlinien, Vorschläge und allgemeinen Empfehlungen zu gewährleisten sowie Doppelungen und Überschneidungen bei der Durchführung ihrer Aufgaben zu vermeiden.

Artikel 39: Bericht des Ausschusses

Der Ausschuss berichtet der Generalversammlung und dem Wirtschafts- und Sozialrat alle zwei Jahre über seine Tätigkeit und kann aufgrund der Prüfung der von den Vertragsstaaten eingegangenen Berichte und Auskünfte Vorschläge machen und allgemeine Empfehlungen abgeben. Diese werden zusammen mit etwaigen Stellungnahmen der Vertragsstaaten in den Ausschussbericht aufgenommen.

Artikel 40: Konferenz der Vertragsstaaten

(1) Die Vertragsstaaten treten regelmäßig in einer Konferenz der Vertragsstaaten zusammen, um jede Angelegenheit im Zusammenhang mit der Durchführung dieses Übereinkommens zu behandeln.

(2) Die Konferenz der Vertragsstaaten wird vom Generalsekretär der Vereinten Nationen spätestens sechs Monate nach Inkrafttreten dieses Übereinkommens einberufen. Die folgenden Treffen werden vom Generalsekretär alle zwei Jahre oder auf Beschluss der Konferenz der Vertragsstaaten einberufen.

Artikel 41: Depositar

Der Generalsekretär der Vereinten Nationen ist Depositar dieses Übereinkommens.

Artikel 42: Unterzeichnung

Dieses Übereinkommen liegt für alle Staaten und für Organisationen der regionalen Integration ab dem 30. März 2007 am Sitz der Vereinten Nationen in New York zur Unterzeichnung auf.

Artikel 43: Zustimmung, gebunden zu sein

Dieses Übereinkommen bedarf der Ratifikation durch die Unterzeichnerstaaten und der förmlichen Bestätigung durch die unterzeichnenden Organisationen der regionalen Integration. Es steht allen Staaten oder Organisationen der regionalen Integration, die das Übereinkommen nicht unterzeichnet haben, zum Beitritt offen.

Artikel 44: Organisationen der regionalen Integration

(1) Der Ausdruck "Organisation der regionalen Integration" bezeichnet eine von souveränen Staaten einer bestimmten Region gebildete Organisation, der ihre Mitgliedstaaten die Zuständigkeit für von diesem Übereinkommen erfasste Angelegenheiten übertragen haben. In ihren Urkunden der förmlichen Bestätigung oder Beitrittsurkunden erklären diese Organisationen den Umfang ihrer Zuständigkeiten in Bezug auf die durch dieses Übereinkommen erfassten Angelegenheiten. Danach teilen sie dem Depositar jede erhebliche Änderung des Umfangs ihrer Zuständigkeiten mit.

(2) Bezugnahmen auf "Vertragsstaaten" in diesem Übereinkommen finden auf solche Organisationen im Rahmen ihrer Zuständigkeit Anwendung.

(3) Für die Zwecke des Artikels 45 Absatz 1 und des Artikels 47 Absätze 2 und 3 wird eine von einer

Organisation der regionalen Integration hinterlegte Urkunde nicht mitgezählt.

(4) Organisationen der regionalen Integration können in Angelegenheiten ihrer Zuständigkeit ihr Stimmrecht in der Konferenz der Vertragsstaaten mit der Anzahl von Stimmen ausüben, die der Anzahl ihrer Mitgliedstaaten entspricht, die Vertragsparteien dieses Übereinkommens sind. Diese Organisationen üben ihr Stimmrecht nicht aus, wenn einer ihrer Mitgliedstaaten sein Stimmrecht ausübt, und umgekehrt.

Artikel 45: Inkrafttreten

(1) Dieses Übereinkommen tritt am dreißigsten Tag nach Hinterlegung der zwanzigsten Ratifikations- oder Beitrittsurkunde in Kraft.

(2) Für jeden Staat und jede Organisation der regionalen Integration, der beziehungsweise die dieses Übereinkommen nach Hinterlegung der zwanzigsten entsprechenden Urkunde ratifiziert, förmlich bestätigt oder ihm beitritt, tritt das Übereinkommen am dreißigsten Tag nach Hinterlegung der eigenen Urkunde in Kraft.

Artikel 46: Vorbehalte

(1) Vorbehalte, die mit Ziel und Zweck dieses Übereinkommens unvereinbar sind, sind nicht zulässig.

(2) Vorbehalte können jederzeit zurückgenommen werden.

Artikel 47: Änderungen

(1) Jeder Vertragsstaat kann eine Änderung dieses Übereinkommens vorschlagen und beim Generalsekretär der Vereinten Nationen einreichen. Der Generalsekretär übermittelt jeden Änderungsvorschlag den Vertragsstaaten mit der Aufforderung, ihm zu notifizieren, ob sie eine Konferenz der Vertragsstaaten zur Beratung und Entscheidung über den Vorschlag befürworten. Befürwortet innerhalb von vier Monaten nach dem Datum der Übermittlung wenigstens ein Drittel der Vertragsstaaten eine solche Konferenz, so beruft der Generalsekretär die Konferenz unter der Schirmherrschaft der Vereinten Nationen ein. Jede Änderung, die von einer Mehrheit von zwei Dritteln der anwesenden und abstimmenden Vertragsstaaten beschlossen wird, wird vom Generalsekretär der Generalversammlung der Vereinten Nationen zur Genehmigung und danach allen Vertragsstaaten zur Annahme vorgelegt.

(2) Eine nach Absatz 1 beschlossene und genehmigte Änderung tritt am dreißigsten Tag nach dem Zeitpunkt in Kraft, zu dem die Anzahl der hinterlegten Annahmeurkunden zwei Drittel der Anzahl der Vertragsstaaten zum Zeitpunkt der Beschlussfassung über die Änderung erreicht. Danach tritt die Änderung für jeden Vertragsstaat am dreißigsten Tag nach Hinterlegung seiner eigenen Annahmeurkunde in Kraft. Eine Änderung ist nur für die Vertragsstaaten, die sie angenommen haben, verbindlich.

(3) Wenn die Konferenz der Vertragsstaaten dies im Konsens beschließt, tritt eine nach Absatz 1 beschlossene und genehmigte Änderung, die ausschließlich die Artikel

34, 38, 39 und 40 betrifft, für alle Vertragsstaaten am dreißigsten Tag nach dem Zeitpunkt in Kraft, zu dem die Anzahl der hinterlegten Annahmeurkunden zwei Drittel der Anzahl der Vertragsstaaten zum Zeitpunkt der Beschlussfassung über die Änderung erreicht.

Artikel 48: Kündigung

Ein Vertragsstaat kann dieses Übereinkommen durch eine an den Generalsekretär der Vereinten Nationen gerichtete schriftliche Notifikation kündigen. Die Kündigung wird ein Jahr nach Eingang der Notifikation beim Generalsekretär wirksam.

Artikel 49: Barrierefreies Format

Der Wortlaut dieses Übereinkommens wird in barrierefreien Formaten zur Verfügung gestellt.

Artikel 50: Verbindliche Wortlaute

Der arabische, der chinesische, der englische, der französische, der russische und der spanische Wortlaut dieses Übereinkommens sind gleichermaßen verbindlich.

Zu Urkund dessen haben die unterzeichneten, von ihren Regierungen hierzu gehörig befugten Bevollmächtigten dieses Übereinkommen unterschrieben.

Fakultativprotokoll zum Übereinkommen über die Rechte von Menschen mit Behinderungen

Die Vertragsstaaten dieses Protokolls haben Folgendes vereinbart:

Artikel 1

(1) Jeder Vertragsstaat dieses Protokolls ("Vertragsstaat") anerkennt die Zuständigkeit des Ausschusses für die Rechte von Menschen mit Behinderungen ("Ausschuss") für die Entgegennahme und Prüfung von Mitteilungen, die von oder im Namen von seiner Hoheitsgewalt unterstehenden Einzelpersonen oder Personengruppen eingereicht werden, die behaupten, Opfer einer Verletzung des Übereinkommens durch den betreffenden Vertragsstaat zu sein.

(2) Der Ausschuss nimmt keine Mitteilung entgegen, die einen Vertragsstaat des Übereinkommens betrifft, der nicht Vertragspartei dieses Protokolls ist.

Artikel 2

Der Ausschuss erklärt eine Mitteilung für unzulässig,

a) wenn sie anonym ist;

b) wenn sie einen Missbrauch des Rechts auf Einreichung solcher Mitteilungen darstellt oder mit den Bestimmungen des Übereinkommens unvereinbar ist;

c) wenn dieselbe Sache bereits vom Ausschuss untersucht worden ist oder in einem anderen internationalen Untersuchungs- oder Streitregelungsverfahren geprüft worden ist oder geprüft wird;

d) wenn nicht alle zur Verfügung stehenden innerstaatlichen Rechtsbehelfe erschöpft worden sind. Dies gilt nicht, wenn das Verfahren bei der Anwendung solcher Rechtsbehelfe unangemessen lange dauert oder keine wirksame Abhilfe erwarten lässt;

e) wenn sie offensichtlich unbegründet ist oder nicht hinreichend begründet wird oder

f) wenn die der Mitteilung zugrunde liegenden Tatsachen vor dem Inkrafttreten dieses Protokolls für den betreffenden Vertragsstaat eingetreten sind, es sei denn, dass sie auch nach diesem Zeitpunkt weiterbestehen.

Artikel 3

Vorbehaltlich des Artikels 2 bringt der Ausschuss jede ihm zugegangene Mitteilung dem Vertragsstaat vertraulich zur Kenntnis. Der betreffende Vertragsstaat übermittelt dem Ausschuss innerhalb von sechs Monaten schriftliche Erklärungen oder Darlegungen zur Klärung der Sache und der gegebenenfalls von ihm getroffenen Abhilfemaßnahmen.

Artikel 4

(1) Der Ausschuss kann jederzeit nach Eingang einer Mitteilung und bevor eine Entscheidung in der Sache selbst getroffen worden ist, dem betreffenden Vertragsstaat ein Gesuch zur sofortigen Prüfung übermitteln, in dem er aufgefordert wird, die vorläufigen Maßnahmen zu treffen, die gegebenenfalls erforderlich sind, um einen möglichen nicht wieder gutzumachenden Schaden für das oder die Opfer der behaupteten Verletzung abzuwenden.

(2) Übt der Ausschuss sein Ermessen nach Absatz 1 aus, so bedeutet das keine Entscheidung über die Zulässigkeit der Mitteilung oder in der Sache selbst.

Artikel 5

Der Ausschuss berät über Mitteilungen aufgrund dieses Protokolls in nichtöffentlicher Sitzung. Nach Prüfung einer Mitteilung übermittelt der Ausschuss dem betreffenden Vertragsstaat und dem Beschwerdeführer gegebenenfalls seine Vorschläge und Empfehlungen.

Artikel 6

(1) Erhält der Ausschuss zuverlässige Angaben, die auf schwerwiegende oder systematische Verletzungen der in dem Übereinkommen niedergelegten Rechte durch einen Vertragsstaat hinweisen, so fordert der Ausschuss diesen

Vertragsstaat auf, bei der Prüfung der Angaben mitzuwirken und zu diesen Angaben Stellung zu nehmen.

(2) Der Ausschuss kann unter Berücksichtigung der von dem betreffenden Vertragsstaat abgegebenen Stellungnahmen sowie aller sonstigen ihm zur Verfügung stehenden zuverlässigen Angaben eines oder mehrere seiner Mitglieder beauftragen, eine Untersuchung durchzuführen und ihm sofort zu berichten. Sofern geboten, kann die Untersuchung mit Zustimmung des Vertragsstaats einen Besuch in seinem Hoheitsgebiet einschließen.

(3) Nachdem der Ausschuss die Ergebnisse einer solchen Untersuchung geprüft hat, übermittelt er sie zusammen mit etwaigen Bemerkungen und Empfehlungen dem betreffenden Vertragsstaat.

(4) Der Vertragsstaat unterbreitet innerhalb von sechs Monaten nach Eingang der vom Ausschuss übermittelten Ergebnisse, Bemerkungen und Empfehlungen dem Ausschuss seine Stellungnahmen.

(5) Eine solche Untersuchung ist vertraulich durchzuführen; die Mitwirkung des Vertragsstaats ist auf allen Verfahrensstufen anzustreben.

Artikel 7

(1) Der Ausschuss kann den betreffenden Vertragsstaat auffordern, in seinen Bericht nach Artikel 35 des Übereinkommens Einzelheiten über Maßnahmen aufzunehmen, die als Reaktion auf eine nach Artikel 6

dieses Protokolls durchgeführte Untersuchung getroffen wurden.

(2) Sofern erforderlich, kann der Ausschuss nach Ablauf des in Artikel 6 Absatz 4 genannten Zeitraums von sechs Monaten den betreffenden Vertragsstaat auffordern, ihn über die als Reaktion auf eine solche Untersuchung getroffenen Maßnahmen zu unterrichten.

Artikel 8

Jeder Vertragsstaat kann zum Zeitpunkt der Unterzeichnung oder Ratifikation dieses Protokolls oder seines Beitritts dazu erklären, dass er die in den Artikeln 6 und 7 vorgesehene Zuständigkeit des Ausschusses nicht anerkennt.

Artikel 9

Der Generalsekretär der Vereinten Nationen ist Depositar dieses Protokolls.

Artikel 10

Dieses Protokoll liegt für die Staaten und die Organisationen der regionalen Integration, die das Übereinkommen unterzeichnet haben, ab dem 30. März 2007 am Sitz der Vereinten Nationen in New York zur Unterzeichnung auf.

Artikel 11

Dieses Protokoll bedarf der Ratifikation durch die Unterzeichnerstaaten des Protokolls, die das Übereinkommen ratifiziert haben oder ihm beigetreten sind. Es bedarf der förmlichen Bestätigung durch die Organisationen der regionalen Integration, die das Protokoll unterzeichnet haben und das Übereinkommen förmlich bestätigt haben oder ihm beigetreten sind. Das Protokoll steht allen Staaten oder Organisationen der regionalen Integration zum Beitritt offen, die das Übereinkommen ratifiziert beziehungsweise förmlich bestätigt haben oder ihm beigetreten sind und die das Protokoll nicht unterzeichnet haben.

Artikel 12

(1) Der Ausdruck "Organisation der regionalen Integration" bezeichnet eine von souveränen Staaten einer bestimmten Region gebildete Organisation, der ihre Mitgliedstaaten die Zuständigkeit für von dem Übereinkommen und diesem Protokoll erfasste Angelegenheiten übertragen haben. In ihren Urkunden der förmlichen Bestätigung oder Beitrittsurkunden erklären diese Organisationen den Umfang ihrer Zuständigkeiten in Bezug auf die durch das Übereinkommen und dieses Protokoll erfassten Angelegenheiten. Danach teilen sie dem Depositar jede maßgebliche Änderung des Umfangs ihrer Zuständigkeiten mit.

(2) Bezugnahmen auf "Vertragsstaaten" in diesem Protokoll finden auf solche Organisationen im Rahmen ihrer Zuständigkeit Anwendung.

(3) Für die Zwecke des Artikels 13 Absatz 1 und des Artikels 15 Absatz 2 wird eine von einer Organisation der regionalen Integration hinterlegte Urkunde nicht mitgezählt.

(4) Organisationen der regionalen Integration können in Angelegenheiten ihrer Zuständigkeit ihr Stimmrecht bei dem Treffen der Vertragsstaaten mit der Anzahl von Stimmen ausüben, die der Anzahl ihrer Mitgliedstaaten entspricht, die Vertragsparteien dieses Protokolls sind. Diese Organisationen üben ihr Stimmrecht nicht aus, wenn einer ihrer Mitgliedstaaten sein Stimmrecht ausübt, und umgekehrt.

Artikel 13

(1) Vorbehaltlich des Inkrafttretens des Übereinkommens tritt dieses Protokoll am dreißigsten Tag nach Hinterlegung der zehnten Ratifikations- oder Beitrittsurkunde in Kraft.

(2) Für jeden Staat und jede Organisation der regionalen Integration, der beziehungsweise die dieses Protokoll nach Hinterlegung der zehnten entsprechenden Urkunde ratifiziert, förmlich bestätigt oder ihm beitritt, tritt das Protokoll am dreißigsten Tag nach Hinterlegung der eigenen Urkunde in Kraft.

Artikel 14

(1) Vorbehalte, die mit Ziel und Zweck dieses Protokolls unvereinbar sind, sind nicht zulässig.

(2) Vorbehalte können jederzeit zurückgenommen werden.

Artikel 15

(1) Jeder Vertragsstaat kann eine Änderung dieses Protokolls vorschlagen und beim Generalsekretär der Vereinten Nationen einreichen. Der Generalsekretär übermittelt jeden Änderungsvorschlag den Vertragsstaaten mit der Aufforderung, ihm zu notifizieren, ob sie die Einberufung eines Treffens der Vertragsstaaten zur Beratung und Entscheidung über den Vorschlag befürworten. Befürwortet innerhalb von vier Monaten nach dem Datum der Übermittlung wenigstens ein Drittel der Vertragsstaaten die Einberufung eines solchen Treffens, so beruft der Generalsekretär das Treffen unter der Schirmherrschaft der Vereinten Nationen ein. Jede Änderung, die von einer Mehrheit von zwei Dritteln der anwesenden und abstimmenden Vertragsstaaten beschlossen wird, wird vom Generalsekretär der Generalversammlung der Vereinten Nationen zur Genehmigung und danach allen Vertragsstaaten zur Annahme vorgelegt.

(2) Eine nach Absatz 1 beschlossene und genehmigte Änderung tritt am dreißigsten Tag nach dem Zeitpunkt in Kraft, zu dem die Anzahl der hinterlegten Annahmeurkunden zwei Drittel der Anzahl der

Vertragsstaaten zum Zeitpunkt der Beschlussfassung über die Änderung erreicht. Danach tritt die Änderung für jeden Vertragsstaat am dreißigsten Tag nach Hinterlegung seiner eigenen Annahmeurkunde in Kraft. Eine Änderung ist nur für die Vertragsstaaten, die sie angenommen haben, verbindlich.

Artikel 16

Ein Vertragsstaat kann dieses Protokoll durch eine an den Generalsekretär der Vereinten Nationen gerichtete schriftliche Notifikation kündigen. Die Kündigung wird ein Jahr nach Eingang der Notifikation beim Generalsekretär wirksam.

Artikel 17

Der Wortlaut dieses Protokolls wird in barrierefreien Formaten zur Verfügung gestellt.

Artikel 18

Der arabische, der chinesische, der englische, der französische, der russische und der spanische Wortlaut dieses Protokolls sind gleichermaßen verbindlich. Zu Urkund dessen haben die unterzeichneten, von ihren jeweiligen Regierungen hierzu gehörig befugten Bevollmächtigten dieses Protokoll unterschrieben.

Anhang: Monitoringausschuss

Bundesbehindertengesetz (BBG)

§ 13 Monitoringausschuss

(1) Zur Wahrnehmung der Aufgaben gemäß § 8 Abs. 2 Z 4 ist ein Ausschuss zur Überwachung der UN-Konvention „Übereinkommen über die Rechte von Menschen mit Behinderungen" (Monitoringausschuss) zu bilden. Seine Mitglieder und Ersatzmitglieder werden vom Bundesminister für Soziales und Konsumentenschutz bestellt, die in den Z 1 bis 4 genannten Mitglieder (Ersatzmitglieder) unter Bedachtnahme auf die Vorschläge der in § 10 Abs. 1 Z 6 genannten Dachorganisation. Dem Ausschuss gehören an:
1. vier Vertreter der organisierten Menschen mit Behinderung,
2. ein Vertreter einer anerkannten im Bereich der Menschenrechte tätigen gemeinnützigen Nichtregierungsorganisation,
3. ein Vertreter einer anerkannten im Bereich der Entwicklungszusammenarbeit tätigen gemeinnützigen Nichtregierungsorganisation,
4. ein Experte aus dem Bereich der wissenschaftlichen Lehre

als stimmberechtigte Mitglieder sowie je ein Vertreter des Bundesministeriums für Soziales und Konsumentenschutz sowie des jeweils betroffenen Ressorts oder obersten Organs der Vollziehung mit beratender Stimme.

(2) Dem Ausschuss obliegt es,
1. dem Bundesbehindertenbeirat regelmäßig über seine Beratungen zu berichten,
2. im Einzelfall Stellungnahmen von Organen der Verwaltung einzuholen,
3. Empfehlungen und Stellungnahmen betreffend die Rechte von Menschen mit Behinderungen im Zusammenhang mit Angelegenheiten im Sinne des § 8 Abs. 2 Z 4 gegenüber dem Bundesbehindertenbeirat abzugeben,

(3) Die Mitglieder des Ausschusses sind in ihrer Tätigkeit unabhängig und an keine Weisungen gebunden.

(4) Auf die Berufung der Mitglieder und Ersatzmitglieder ist § 11 sinngemäß anzuwenden. Für jedes Ausschussmitglied sind Ersatzmitglieder in der erforderlichen Anzahl zu bestellen. Der Bundesminister für Soziales und Konsumentenschutz hat einzelne Mitglieder auf deren Antrag hin zu entheben.

(5) Die Mitglieder wählen für die Dauer der Funktionsperiode mit einfacher Mehrheit aus ihrer Mitte einen Vorsitzenden und dessen Stellvertreter. Der Vorsitzende und dessen Stellvertreter können mit Zweidrittelmehrheit abgewählt werden.

(5a) Dem Vorsitzenden gebührt neben dem Ersatz der Reise- und Aufenthaltskosten unter sinngemäßer Anwendung der für Schöffen und Geschworene geltenden Bestimmungen des Gebührenanspruchsgesetzes 1975 eine Vergütung für seine Tätigkeit. Als Vergütung gebührt für jede, wenn auch nur begonnene Stunde ein Zehntel der Entschädigung eines Ersatzmitgliedes des

Verfassungsgerichtshofes für einen Sitzungstag (§ 4 Abs. 3 des Verfassungsgerichtshofgesetzes, BGBl. Nr. 85/1953). (6) Für die Dauer der Funktionsperiode, die Weiterführung der Geschäfte nach deren Ablauf, die Beiziehung von Fachleuten sowie die Führung der Bürogeschäfte des Ausschusses ist § 9 Abs. 3 bis 5 sinngemäß anzuwenden. Für die Einberufung der Sitzungen, die Ladung der Mitglieder, die Beschlussfähigkeit und die Protokollführung ist § 12 Abs. 1 bis 4 sinngemäß anzuwenden.

(7) Das Bundesamt für Soziales und Behindertenwesen hat den Monitoringausschuss bei der Erfüllung seiner Aufgaben nach Bedarf zu unterstützen. Die Landesstellen des Bundesamts für Soziales und Behindertenwesen dienen insbesondere auch als regionale Anlaufstellen für betroffene Personen in allen Angelegenheiten im Sinne des § 8 Abs. 2 Z 4.

(8) **(Grundsatzbestimmung)** In Angelegenheiten, die in die Grundsatzgesetzgebungskompetenz des Bundes fallen, sind die Aufgaben gemäß Abs. 2 von zu schaffenden oder zu benennenden Einrichtungen der Länder wahrzunehmen, die den Anforderungen an einen unabhängigen Mechanismus gemäß Art. 33 der UN-Konvention entsprechen.

(9) In Angelegenheiten, die in Gesetzgebung Bundessache und in Vollziehung Landessache sind, sind die Aufgaben gemäß Abs. 2 von den in Ausführung des Abs. 8 geschaffenen oder benannten Stellen wahrzunehmen.